EUROPA UND ICH
EINE POLITISCHE UND PERSÖNLICHE ZEITREISE

CHRISTOPH LEITL

EUROPA UND ICH

Eine politische und persönliche Zeitreise

© 2024 ecoWing Verlag bei Benevento Publishing Salzburg – Wien,
einer Marke der Red Bull Media House GmbH, Wals bei Salzburg

Medieninhaber, Verleger und Herausgeber:
Red Bull Media House GmbH
Oberst-Lepperdinger-Straße 11–15
5071 Wals bei Salzburg, Österreich

Verfasst unter Mitwirkung von Wolfgang Machreich
Satz: MEDIA DESIGN: RIZNER.AT
Gesetzt aus der Palatino, Futura
Umschlaggestaltung: www.b3k-design.de, Andrea Schneider, diceindustries
Coverfoto: © Jeff Mangione / KURIER / picturedes.com
Autorenillustration: Claudia Meitert / carolineseidler.com

Printed by Neografia, Slovakia
ISBN: 978-3-7110-0334-8

INHALT

»ICH BIN IM STERNZEICHEN EUROPAS GEBOREN!«

Europa feiert 2024 ein Jubiläum. Vor 75 Jahren begab sich eine Staatengemeinschaft auf den Weg zur Einigkeit. Das ist nicht nur ein Grund zum Feiern, sondern vor allem zum Nachdenken und Vordenken. Der 5. Mai 1949 ist für mich das wichtigste und wegweisendste Datum in der Geschichte unseres Kontinents. Als sich an diesem Tag vor 75 Jahren in London zehn Staaten unseres Kontinents im Europarat zusammenschlossen, wurde eine Idee Wirklichkeit, die der französische Schriftsteller, Politiker und Humanist Victor Hugo bereits hundert Jahre davor zu entwerfen wagte.

Im Sommer 1849 hielt Hugo am Pariser Weltfriedenskongress eine Rede, in der er eine Zeit beschwor, in der die Staaten Europas sich »zu einer höheren Gemeinschaft zusammenschließen und die große europäische Bruderschaft begründen werden«. Zu Hugos Lebzeiten, während und nach den napoleonischen Umwälzungen des Kontinents, setzte der Nationalismus gerade an, um Europa immer wieder in Krieg und Elend zu stürzen. Umso mehr imponieren mir Victor Hugos Mut und seine Zuversicht, eine Zeit vorauszusagen, »wo es keine anderen Schlachtfelder mehr geben wird als die Märkte, die sich dem Handel öffnen, und die Geister, die für die Ideen geöffnet sind. Ein Tag wird kommen, wo die Kugeln und Granaten von dem Stimmrecht ersetzt werden …«

Der 5. Mai 1949 war dieser Tag. Nach den Schlachten, den Kugeln, den Granaten und Verheerungen des Zweiten Weltkriegs wurde mit der Gründung des Europarats ein neues Kapitel in der europäischen Geschichte aufgeschlagen. Damit ist der *Council of Europe* nicht nur die älteste politische Organisation europäischer Staaten. Mit seinem Bekenntnis für Menschenrechte, Demokratie und rechtsstaatliche Grundprinzipien legte der Europarat auch das Fundament, auf dem wir in den Jahrzehnten seither das gemeinsame Haus Europa bauen.

Und ich durfte mitbauen. Der Zufall, ich sage »gutes Schicksal« dazu, wollte es, dass ich im Jahr der Gründung des Europarats auf die Welt gekommen bin. Auf das dadurch gelegte Fundament konnte ich mein privates, berufliches und politisches Leben bauen. Im Sternzeichen Europas geboren, darf ich seither unter den guten Sternen des gemeinsamen Europas leben. Dass mir diese Sterne, von den Gründern dem Sternenkranz Mariens entnommen, zur politischen Lebensidee wurden und ich einen kleinen Beitrag dazu leisten konnte, ihr Strahlen auch anderen zu vermitteln, dafür bin ich dankbar.

Allerdings können Jahrestage dazu verführen, sich im milden Licht der Abendsonne auf verklärende Erinnerungen zu beschränken. Ich halte mich da lieber an einen weiteren Viktor. Nämlich an Viktor Frankl, den Begründer der Logotherapie und Existenzanalyse. In seinem »Scheunengleichnis« beschreibt er eine beim Blick in die Vergangenheit weit verbreitete Unart: »Der Mensch sieht nur das Stoppelfeld der Vergänglichkeit«, kritisiert Frankl, »aber er sieht nicht die vollen Scheunen der Vergangenheit. Im Vergangensein ist nämlich nichts unwiederbringlich verloren, vielmehr alles unverlierbar geborgen.« Frankls Diagnose lässt sich auch auf Europa gut anwenden. Wie oft erlebe ich es und ärgere mich darüber, wenn sich der Blick zurück auf das Einigungsprojekt Europas seit der Gründung des Europarats bis zur heutigen Europäischen Union auf die Beschreibung abgeernteter Stoppelfelder beschränkt.

Dabei haben wir allen Grund, auf die vollen Scheunen der europäischen Vergangenheit in den letzten 75 Jahren zu schauen. Die vollen Speicher sind ein Schatz, ein Kapital zur Investition in eine gemeinsame Zukunft, die auch künftigen Generationen zugutekommen wird.

Ich habe die Nachkriegsjahre erlebt, die Teilungen in Zonen und Blöcke, die Stacheldrähte, die Grenzbalken. Dass Trennendes ein Ablaufdatum hat, war eine gute Erfahrung meines Lebens. Dass wir heute in Europa, in der Welt ein überwunden gedachtes Blockdenken wieder erleben, macht mich betroffen, aber nicht mutlos. Warum sollte es Europa nicht ein zweites Mal schaffen, was uns schon einmal gelungen ist? Frieden ist möglich! Ob wir ihn erhalten, hängt jedoch von uns ab!

KAPITEL 1

1949 BIS 1959:
ZWEI NACHKRIEGSKINDER

Was sind schon vier Jahre vor dem Hintergrund der Geschichte des Kontinents? Nur vier Jahre nach dem fürchterlichsten Krieg, den die Welt und auch meine Eltern- und Großelterngeneration je erleiden mussten, bin ich in Linz zur Welt gekommen. Ich habe kein Kriegsgeschehen selbst erlebt, konnte aber noch sehen und spüren, was dieser Krieg angerichtet hat: Bombenkrater so groß wie Baugruben, kaputte Häuser, Menschen, die mit Leiterwagen ihre Habseligkeiten transportierten, und vor allem Kriegsversehrte, die mit schwersten körperlichen und seelischen Verletzungen zurande kommen mussten.

Als Kind war das für mich alles natürlich. So war halt die Welt, in die ich und mein Jahrgang damals hineingeboren wurden. Eine Begebenheit hat sich mir allerdings ins Gedächtnis geprägt. In meinem Geburtsjahr 1949 hatte Österreich noch nicht einmal die Hälfte seiner

Besatzungszeit durch die vier Siegerstaaten des Zweiten Weltkriegs hinter sich gebracht. Alle hegten große Hoffnung und Zuversicht, dass diese ein baldiges Ende finden würde. Ich bin also gerade noch rechtzeitig geboren, um mit eigenen Augen zu sehen, wie man in einem besetzten Land lebt, um zu spüren, was das bedeutet und welchen Druck Fremdbestimmtheit erzeugt.

MEIN NIBELUNGENBRÜCKE-MOMENT

Es muss an einem Samstag oder Sonntag vor dem Abzug der Besatzungsmächte gewesen sein. Ich saß am Rücksitz unseres Autos. Meine Eltern saßen vorne, und wir fuhren von den Großeltern am Linzer Pöstlingberg nach Eferding, wo der Stammsitz unseres Unternehmens ist und wir damals auch wohnten.

Linz war damals eine geteilte Stadt. Die Donau bildete die Zonengrenze zwischen dem amerikanischen Sektor am Südufer und dem sowjetischen Sektor im Norden. »In Linz herüben der Ami, in Urfahr drüben der Ruß – der Ritt über die Bruckn wird a harte Nuss!« Dieser Spruch war in der damaligen Zeit gang und gäbe und beweist, wie gut es den Linzern, den Oberösterreicher gelungen ist, eine unleidliche Zeit mit einer Prise Humor erträglich zu machen.

Wir fuhren also auf die Nibelungenbrücke zu. Je näher wir der russischen Zonengrenze kamen, umso stiller wurde es im Auto. Meine Eltern verstummten, ungute Stille und eine bedrückende, gespannte Atmosphäre machten sich breit. Gerade Kinder kriegen in der Luft liegende Spannungen bei Erwachsenen sehr schnell mit. Ein Sowjetstern, den ich damals mit Weihnachten und Christbaum verband, hing am gezimmerten Kontrollposten.

Die Soldaten schauten streng, die Gewehrläufe, die über ihre Schultern schauten, machten sie noch furchteinflößender. Meine Eltern wussten sehr genau, dass der Urfahraner Brückenkopf mit dem Kontrollposten zur damaligen Zeit kein Ort für Späße war. Schikanöse Ausweiskontrollen waren an der Tagesordnung, und es konnte unter Umständen lange dauern, bis die eigentlich kurze Strecke bewältigt war.

Nicht umsonst nannte der damalige oberösterreichische Landeshauptmann Heinrich Gleißner die Nibelungenbrücke zwischen Linz und Urfahr »die längste Brücke der Welt, sie verbindet Washington mit Moskau«. Dass Gleißner auf dieser längsten Brücke der Welt später einmal tanzen würde, konnte niemand ahnen. Als am Linzer Brückenkopf die ständigen Kontrollen des Personen- und Lastenverkehrs aufgehoben wurden, kam es zu einer spontanen Feier, in deren Verlauf der Landeshauptmann mit Elmire Koref, der Gattin des Linzer Bürgermeisters Ernst Koref, unter viel Beifall einen »Brücken«-Walzer tanzte.

Aber zunächst saßen wir, die Leitls im Familienauto auf dem Weg über die Nibelungenbrücke, nach wie vor in gedrückter Stimmung. Auf der anderen Donauseite begrüßte uns eine Holzwand, die zweidimensional ein Lebkuchenhaus darstellte. »Welcome to U.S. Zone Austria« war darauf zu lesen. Die Anspannung im Auto löste sich von einem Moment auf den anderen. Da traute auch ich mich wieder, den Mund aufzumachen und meinen Vater zu fragen, warum wir gerade alle leise sein mussten und was es mit diesen Kontrollen auf sich habe. Er erklärte mir: »Christoph, es war Krieg. Linz und Österreich sind geteilt und besetzt. Damit wir wieder ein freies Land werden und damit es wieder bergauf geht und kein Krieg mehr kommt, dürfen wir in Zukunft nie mehr gegeneinander kämpfen, sondern wir müssen zusammenhelfen und zusammenhalten. In Österreich und in Europa.«

Damals, nach unserem »Ritt über die Bruckn«, habe ich zum ersten Mal von der europäischen Idee des Miteinanders, der Idee des Friedens, der Idee der Versöhnung, der Idee, aus einer bitteren Geschichte gelernt zu haben, gehört. Mein Vater hat mir diese Idee an einem emotional sehr aufgeladenen Ort, nach einem sehr emotionalen Erlebnis auf eine sehr emotionale und kindgerechte Weise mitgegeben. Ich hatte begriffen, dass nach so viel Streit, Kampf und Zerstörung Versöhnung und Frieden entstehen muss. Das habe ich schon als kleiner Bub mitgekriegt und nie vergessen.

Europa, der Gedanke von Frieden und Zusammenarbeit, wurde mir damit in die Wiege gelegt.

VERBINDUNG ZWISCHEN DEN WELTEN

Schon 1946 hatte Winston Churchill mit seiner »Let Europe arise«-Rede an der Universität Zürich die Idee für »eine Art Vereinigte Staaten von Europa« in die Köpfe gelegt: »Wir alle müssen dem Schrecken der Vergangenheit den Rücken kehren und uns der Zukunft zuwenden.« Laut Churchill war die wichtigste Maßnahme, um den in Trümmern liegenden Kontinent mit seinen zerstörten Landstrichen und den physisch wie psychisch versehrten Menschen in eine bessere Zukunft zu führen, die »Wiedererschaffung der europäischen Familie – und indem wir ihr eine Struktur geben, in der sie in Frieden, Sicherheit und Freiheit leben kann«.

Der britische Staatsmann griff damit auf eine Vision zurück, die zuvor die paneuropäische Bewegung nach dem Ersten Weltkrieg vertreten hatte. Auch während des Zweiten Weltkriegs zirkulierten in Widerstandskreisen im Exil und unter den Vertretern der Résistance in Frankreich, Belgien, Holland oder Italien Pläne für eine europäische Einigung nach dem Krieg.

Am 5. Mai 1949 war es so weit. Da unterschrieben die Außenminister von Großbritannien, Frankreich, den Benelux-Staaten, Norwegen, Schweden, Dänemark, Irland und Italien im Londoner St. James Palace das »Statut des Europarates«. Drei Monate später eröffnete Édouard Herriot, ehemaliger französischer Regierungschef und überzeugter Europäer, in der Aula der Straßburger Universität die erste Sitzung der »Beratenden Versammlung des Europarates«. Österreich trat 1956, ein Jahr nach dem Staatsvertrag, dem Europarat bei. Neben der Aufnahme in die Vereinten Nationen war dieser Beitritt ein entscheidender Meilenstein am Weg zur Integration Österreichs in die europäische Staatengemeinschaft.

Auch wenn der Europarat als Institution nicht mit der Europäischen Union verbunden ist, hat er eine immense symbolische Bedeutung als Keimzelle der späteren EU, die unter derselben Flagge fährt und zur selben Hymne singt. Für mich ist der Europarat zudem quasi die institutionelle Umsetzung von dem, was ich mit dem beschriebenen Nibelungenbrücke-Moment familiär, biografisch, emotional erfahren habe. Das Miteinander und Zusammenhalten, von dem mein Vater in einer mir verständlichen Weise gesprochen hat, findet mit dem Europarat auf politischer Ebene erstmals eine konkrete Form. Man hat sich zusammengeschlossen für Menschenrechte, das heißt Respekt voreinander, für Rechtsstaatlichkeit, das heißt gleiche Behandlung aller Menschen auf Basis entsprechender Normen, für Demokratie, das heißt gleiche Mitbestimmungsrechte an der politischen Gestaltung, und für Frieden, das heißt Miteinander statt Gegeneinander.

NIE VERGESSEN!

Wann immer ich in den vergangenen Jahrzehnten bei diversen Veranstaltungen vor jungen Leuten vom Friedensprojekt Europa gesprochen habe, haben sie mich mit großen Augen angeschaut. Die meisten haben sich wohl gedacht: Wovon redet der?

Umso wichtiger sind Dokumentationen wie die filmischen Geschichtsaufarbeitungen des legendären und unvergesslichen Welterklärers Hugo Portisch. Aber so akribisch auch recherchiert wurde, so eindrücklich die Bilder auch sind, sie können niemals den unmittelbaren Bericht eines Menschen ersetzen, der dies selbst erlebt hat. Am intensivsten sind sicherlich jene Momente, die man als Kind erlebt hat, und die Lebensgeschichten der Eltern und Großeltern, die man im familiären Rahmen erzählt bekommt.

Nun ist der Krieg wieder näher gerückt. Er tobt vor unserer Haustüre im Nahen Osten und im Osten Europas. Ukrainische Kriegsflüchtlinge in großer Zahl leben unter uns. Viele Erwachsene arbeiten hier, die Kinder gehen hier zur Schule. Ob und wie sich daraus auch wieder ein neuer Enthusiasmus für die europäische Friedensidee entwickeln kann, wird sich zeigen. Im Unterschied zu den Jahren nach dem Zweiten Weltkrieg scheint mir heute aus Krieg und Not oftmals nicht ein Mehr an Miteinander, sondern im Gegenteil, mehr Abschottung, mehr Nationalismus und mehr Kleinstaaterei zu wachsen. Umso wichtiger wäre ein erneuter Blick zurück an den Anfang des größten gemeinsamen europäischen Vielfachen, um aus diesen Erfahrungen für den größten gemeinsamen Nenner in der Zukunft Europas zu lernen. »Lernen Sie Geschichte!«, rief dereinst Kanzler Kreisky einem Journalisten zu. Und obwohl der Kontext dieses Kreisky-Sagers ein anderer war, hat er doch eine Art dauernder Gültigkeit. Wir müssen aus der Geschichte lernen.

Meine Vorfahren mussten ebenfalls in europäischen Kriegen kämpfen, gegen die Bayern in den oberösterreichischen Bauernkriegen, gegen Napoleon in der Völkerschlacht bei Leipzig. Der Großvater im Ersten Weltkrieg auf dem Balkan, der Vater im Zweiten Weltkrieg in Russland, in der Nähe der heute wieder schwer umkämpften Stadt Melitopol. Ihre Erzählungen habe ich nicht vergessen. Der Großvater, der in sehr lieben Worten von den friedliebenden Menschen und dem guten Miteinander der Bosniaken trotz unterschiedlicher Ethnien und Religionen sprach. Und mein Vater, der in seinem Panzer abgeschossen und als Einziger der Besatzung schwerstverletzt überlebt hatte, den nur ein Büchlein in seiner Brusttasche vor einem tödlichen Splitter ins Herz gerettet hatte.

Neben der Verwicklung in europäische Bruderkämpfe waren meine Vorfahren unternehmerisch tätig. Mein Urgroßvater

Johann Obermayr hat gemeinsam mit seinem Bruder Leopold die erste Betriebsstätte unserer Ziegelfabrik 1895 in Eferding gegründet. Ab 1931 leitete mein Großvater Carl Leitl das Ziegelwerk durch die schwere Zeit der Weltwirtschaftskrise. Mein Vater Karl Leitl übernahm das Unternehmen ein Jahr nach Kriegsende, im April 1946. In einer Zeit, wo es an allem mangelte, man Bezugscheine brauchte für jede Art von Material, man schauen musste, wie Maschinen wieder zum Laufen gebracht wurden, als viel repariert und noch mehr improvisiert wurde. Die Leute mussten findig sein und waren es auch. Die Zeit war sehr fordernd, aber die Menschen haben einander unterstützt. Ein solidarisches Zusammenstehen war Gebot der Stunde, und das Bewusstsein, dass es nur gemeinsam zu schaffen war, war weitverbreitet. Der Eigennutz musste dahinter zurückstehen. Die Bereitschaft dazu war vorhanden. Damals wurden die Grundlagen der betrieblichen Partnerschaft gelegt. Mein Vater sagte, wir mussten uns im Krieg aufeinander verlassen, jetzt wollen wir uns auch im Wiederaufbau aufeinander verlassen.

Die ersten neun Jahre meines Lebens habe ich in Eferding verbracht. Als das Familienunternehmen größer geworden ist und es mehrere Standorte gab, sind wir nach Linz gezogen. Seitdem bin ich am Pöstlingberg in einem maximilianischen Festungsturm beheimatet mit einer, wie ich sie nenne, »emotionalen Heimat« in Neumarkt im Mühlviertel, woher meine väterlichen Vorfahren stammen. Dort finde ich in unserem fünfhundert Jahre alten bäuerlichen Auszugshäusel, einem liebevoll gepflegten Garten und einer wunderbaren Landschaft eine seelische Krafttankstelle, zu der eine regelmäßige Sonntagsmesse mit anschlie-

ßendem Stammtisch beim Ochsenwirt eine wichtige Ergänzung ist.

Neben den beruflichen Herausforderungen mit der
Übernahme der Leitung des Familienunternehmens von
meinem Vater 1977 kamen neue Aufgaben auf mich zu, als
ich 1990 in die oberösterreichische Landesregierung berufen wurde. Das Familienunternehmen führte ab diesem
Zeitpunkt mein Bruder Martin, ihm folgte 2018 mein Sohn
Stefan.

WER AN EUROPA ZWEIFELT, SOLLTE SOLDATENFRIEDHÖFE BESUCHEN!

Die Verwobenheit meiner Familie, meiner Vorfahren und
von mir selbst mit Unternehmertum und Wirtschaft verbindet uns Leitls auch mit der Geschichte des gemeinsamen
Europas. Mit »It's the economy, stupid!« wird viele Jahrzehnte später einmal der angehende US-Präsident Bill
Clinton die treibende Kraft der Wirtschaft für Politik und
Gesellschaft auf den Punkt bringen. Im Falle Europas
war es vor allem das Politiker-Kleeblatt Robert Schuman,
Paul-Henri Spaak, Konrad Adenauer und Alcide De Gasperi,
das an der Wiege Europas stand und das aus den Kriegs-
lehren entstandene Kind auf die Welt brachte.

Als entscheidendes Eckdatum der politischen Einigung
Europas und damit der Europäischen Union von heute gilt
der 9. Mai 1950, als der französische Außenminister Robert
Schuman seinen Plan für eine engere Zusammenarbeit
präsentiert und vorschlägt, die Kohle- und Stahlindustrie
der westeuropäischen Länder zu vereinen. Auf Grundlage

dieses Schuman-Plans unterzeichnen die sechs Länder Belgien, Deutschland, Frankreich, Italien, Luxemburg und die Niederlande am 18. April 1951 den »Vertrag von Paris« zur Gründung der Europäische Gemeinschaft für Kohle und Stahl (EGKS), auch Montanunion genannt. Als Zweijähriger hat mich dieses Ereignis natürlich überhaupt nicht berührt, geschweige denn, dass mir die enorme Bedeutung dieses Zusammenschlusses für mein Leben bewusst geworden wäre. Aber die Montanunion, die jene damals als kriegswichtig betrachteten Potenziale, nämlich Kohle und Stahl, unter eine supranationale Behörde stellte, das heißt in die Verantwortung einer Institution, die über den nationalen Regierungen steht, bildet neben dem Europarat das zweite wichtige Fundament Europas.

Mit diesen beiden Eckpfeilern haben die Gründerväter gleichzeitig idealistisch und realistisch gedacht.

Der Franzose Schuman dachte: Zweimal ist es uns gelungen, Deutschland in verheerenden Kriegen niederzuwerfen, zweimal hat das Frankreich gewaltige Kraft und enorme Opfer gekostet. Ein weiteres Mal darf das nicht passieren. Man darf vor Deutschland keine Angst mehr haben müssen!

Der deutsche Adenauer dachte wohl: Deutschland hat mit zwei Weltkriegen fürchterliches Elend angerichtet. Jetzt wollen wir mit unserer jungen Demokratie wieder zurück zu den europäischen Grundwerten und in Europa und die westliche Welt eingebunden werden. Was der Krieg in Deutschland angerichtet hat, soll auch nie wieder geschehen. Man wird sich vor Deutschland nicht mehr fürchten müssen!

Seit dem Zeitpunkt, da dieser Grundkonsens getroffen wurde, ist der deutsch-französische Motor zur bestimmenden Zugmaschine der Gemeinschaft geworden. Die beiden Staaten bilden bis heute eine verlässliche Achse. Dazu gehören wechselseitige Treffen, angefangen bei den Staatsspitzen über die Deutsch-Französische Parlamentarische Versammlung bis hin zu Studenten- und Schüleraustausch, Städtepartnerschaften oder grenzüberschreitenden kulturellen Initiativen wie dem europaweit einzigartigen deutsch-französischen Kultursender ARTE. Viele symbolische Gesten wurden auf allen Ebenen gesetzt, um zu zeigen, dass aus jahrhundertelangen Erzfeinden Freunde geworden sind. Manche dieser Gesten sind zu Ikonen geworden, wie etwa jenes Bild aus dem Jahr 1984, das den deutschen Bundeskanzler Helmut Kohl und den französischen Staatspräsidenten François Mitterrand Hand in Hand auf einem deutschen Soldatenfriedhof in Verdun zeigt. Siebzig Jahre nach Ausbruch des Ersten Weltkriegs, lediglich 45 Jahre nach Beginn des Zweiten Weltkriegs. Was für eine Geste! Was für ein Triumph der Brüderlichkeit! Was für ein Europamoment!

Daran schließt nahtlos der Rat meines Freundes Jean-Claude Juncker an, der Europa, egal ob als langjähriger Luxemburger Premier, als Euro-Gruppenchef oder EU-Kommissionspräsident, viele Etappen lang begleitete und weiterbrachte. Dieser Europäer mit Herz und Verstand wird nicht müde, allen Nörglern, Skeptikern und Kritikern der Europäischen Union immer wieder zu sagen: »Wer an Europa zweifelt, wer an Europa verzweifelt, der sollte Soldatenfriedhöfe besuchen!«

Von klein auf sind mir die Kriegerdenkmäler allerorten in unseren Städten und Gemeinden mahnende Begleiter. Die Skulpturen, Säulen, Tafeln mit den vier Jahreszahlen

1914 bis 1918 und 1939 bis 1945 stehen für Millionen Tote, Vermisste, Verwundete und noch mehr versehrte und verstümmelte Seelen. Diese Mahnmale für die Gefallenen sind mit mir alt geworden. Es ist auch ein Verdienst des gemeinsamen Europas, dass wir seither keine neuen Zeilen in diese granitenen Opferlitaneien meißeln mussten.

In meiner Schulzeit ist sehr wenig über die Zeit des Nationalsozialismus und den Zweiten Weltkrieg gesprochen worden. Leider, denn das hätte mich am meisten interessiert. Aber damals hörte der Geschichtsunterricht beim Ersten Weltkrieg auf, und die Folgezeit wurde kursorisch in ein, zwei Stunden abgehandelt. Die Schule hat da leider versagt.

Auch in meiner Familie gab es Verwandte, die dem damaligen Zeitgeist entsprachen, sich vom Nationalsozialismus eine bessere Zukunft erwarteten und in ihren Hoffnungen bitter enttäuscht wurden. Ich sprach meinen Vater darauf an, wie es die meisten Menschen meiner Generation mit ihren Altvorderen getan haben. Mein Vater sagte darauf: »Die Ideale unserer Jugend sind missbraucht worden. Pass auf, wenn jemand etwas sagt, was sehr verlockend ist, was aber nicht ins Miteinander, sondern ins Gegeneinander führt. Hüte dich vor Verallgemeinerungen. Und lerne aus der Vergangenheit: Nicht diejenigen sind schlecht, die sich dem Zeitgeist nicht entziehen konnten, sondern diejenigen, die sich dann geweigert haben, die dahinter gestandene Wirklichkeit zur Kenntnis zu nehmen und daraus zu lernen.«

BESCHLEUNIGUNG UND FEHLZÜNDUNGEN

Am 3. September 1953 tritt die Europäische Menschenrechts-konvention in Kraft, die als Wertefundament Europas von zeitloser und ortsunabhängiger Gültigkeit sein sollte. Im Jahr darauf geriet der eben erst in Schwung gekommene Motor jedoch ins Stottern.

Bereits 1954 waren die Pioniere für ein einiges Europa bereit, nach den kriegswirtschaftlich wichtigen Bereichen Kohle und Stahl auch eine gemeinsame europäische Ver-teidigungspolitik zu formen. An der Ablehnung der fran-zösischen Nationalversammlung ist diese europäische Verteidigungsgemeinschaft gescheitert. Was für eine ver-passte Chance, an deren Nichtergreifung wir siebzig Jahre später noch leiden. Heute sehe ich keine europäische Armee am sicherheitspolitischen Horizont der EU. Vor-stellbar wäre jedoch eine Kooperation der europäischen nationalen Streitkräfte samt einer schnellen Eingreiftruppe, in deren Rahmen auch Österreich unter Berücksichtigung seiner neutralitätspolitischen Erfordernisse teilnehmen könnte.

Am 25. März 1957, vier Tage vor meinem achten Ge-burtstag, weiten die sechs Gründungsländer angesichts des Erfolgs der Montanunion ihre Zusammenarbeit mit den Römischen Verträgen auf weitere Wirtschaftsbereiche aus. Die Europäische Wirtschaftsgemeinschaft (EWG) und die Europäische Atomgemeinschaft (Euratom) starten am 1. Jänner 1958. Es ist hierzulande wenig bekannt, dass Bun-deskanzler Julius Raab mit einem Beitritt Österreichs in die EWG liebäugelte und eine diesbezügliche Initiative setzen wollte. Aber ihm wurde abgeraten: Vorsicht, Herr

Bundeskanzler, hieß es, da stimmen die Russen nicht zu. Und so war es auch: Es blieb beim Njet!

Die politischen Vorbilder, die mein Österreich-, Europa- und Weltbild geprägt haben, waren die Brückenbauer dieser Zeit. Auf der regionalen, oberösterreichischen Ebene beeindruckten mich der bereits genannte Landeshauptmann Heinrich Gleißner und der Linzer Bürgermeister Ernst Koref. Zusammen haben sie in einem guten Miteinander Stadt und Land aus den Trümmern des Krieges wieder aufgebaut. Sie hatten den Weitblick und den Willen zum Miteinander, der heute so oft fehlt.

Auf Bundesebene waren das Julius Raab, Leopold Figl, Adolf Schärf und Bruno Kreisky. Das waren Menschen mit großer Bodenhaftung, gesundem Hausverstand und einem Gespür für das Mögliche und Machbare. Dazu gehört immer auch, sich in das Gegenüber hineinversetzen sowie dessen Ziele mitbedenken und auch mitberücksichtigen zu können. Und natürlich die Möglichkeit, Sachverstand, Hausverstand und politisches Gespür in die Tat umzusetzen. Von dieser Politikerriege ist überliefert, dass es bodenständige Menschen waren, die keinen großen Wert auf perfekte Kleidung, nobles Essen und exklusive Weine legten. Ein Achtel vom Gemischten Satz aus den Reben des Wiener Umlands hat es auch getan. Und man brillierte nicht mit geschliffener Rhetorik, sondern machte sich in klarer Ausdrucksweise verständlich. Sie waren einfache Menschen, aber sie haben in schwieriger Zeit beherzt das Richtige getan. Diese Menschen und Politiker sind bis heute politische Vorbilder.

IN DER NOTAUFNAHME

Für alle, die so wie Österreich, wenn auch aus anderen Gründen nicht der EWG beitreten konnten, blieb die Europäische Freihandelszone (EFTA) quasi als Notaufnahmeraum über. Am 4. Juni 1958 ist Österreich dieser Freihandelszone beigetreten. Mittlerweile hat die EFTA viel an Bedeutung verloren. Wäre die Anwendung dieses Grundkonzepts für die Gestaltung des heutigen wirtschaftlichen Verhältnisses zwischen der EU und Großbritannien dazu eine Möglichkeit einer Wiederannäherung?

Wann immer ich mit meinen politischen Beurteilungen unsicher war, gab es neben meiner mich liebevoll kritisch begleitenden Ehefrau Erni meine Mutter Ilse Leitl, die in der Lage war, vieles mit klarem Blick einzuordnen und mir damit auch eine wichtige Gesprächspartnerin zu sein.

Sie war eine sehr kluge Frau und bis ins hohe Alter körperlich und geistig aktiv. 2022 ist sie im Alter von 96 Jahren gestorben. Die Erziehung ihrer sieben Kinder fußte auf Toleranz, Verständigung, Frieden und Demokratie, quasi auf dem Wertefundament Europas. Meine politische Arbeit im Landtag und auch in der Wirtschaftskammer hat sie immer wohlwollend und kritisch mitverfolgt.

Jeden Sonntagabend habe ich sie besucht. Die mitgebrachte Flasche Wein haben wir gemeinsam getrunken. Gut, sie hat ein Glas getrunken, ich habe mich des Rests der Flasche erbarmt. Im Winter haben wir Feuer im Kamin gemacht, im Sommer die Tür zum Garten geöffnet. Das war eine lange und wichtige Tradition, die wir beide sehr schätzten. Meine Mutter sagte »die heilige Stunde« dazu. Sehr andächtig ist es aber bei unseren Gesprächen keinesfalls zugegangen. Im Gegenteil. Sie hat mich gefordert. Es konnte durchaus sein, dass sie mich mit strenger Stimme fragte: »Was habt ihr da in Wien wieder für einen Blödsinn gemacht!« Genauso hat sie mich aber auch für die eine oder andere Initiative oder manchen Vorschlag gelobt. Oft hat sie auch den Kopf geschüttelt und gesagt: »Ich habe dir zugehört, das klingt doch vernünftig und wichtig, warum wird das dann doch nicht so gemacht?« Ich antwortete ihr dann mit einem Vergleich aus unserer Firma, die sie gut kannte: »Bei uns«, sagte ich, »schauen wir uns das Problem an, dann setzen wir uns zusammen, finden eine Lösung, und dann packen wir es an. In der Politik muss man überzeugen, überzeugen, überzeugen, und wenn du keinen breiten Konsens hast, wird das nichts.« Für sie war das nur schwer verständlich. Sie war der festen Ansicht: Was vernünftig ist, muss gemacht werden. Was menschlich ist, muss gemacht werden. Wahrscheinlich hat sie damit auch sehr zur Formung eines gewissen Idealismus bei mir beigetragen. Dieser sollte dann in den »Swinging Sixties« noch zum Ausdruck kommen.

KAPITEL 2

1960 BIS 1969:
GOING TO SAN FRANCISCO ...

Mit dem Wechsel von der Volksschule ins Gymnasium ist auch mein politisches Interesse erwacht. Mehr als die Hausaufgaben haben mich die Zeitungsartikel interessiert. Damals wurde die Grundlage für mein weiteres Leben als *Homo politicus*, als interessierter und engagierter Zeitgenosse gelegt. In unserem Haushalt hat es drei Tageszeitungen gegeben, die »Oberösterreichischen Nachrichten«, die »Salzburger Nachrichten« und »Die Presse«, und dazu noch die »Wochenpresse«. Ich habe dieses Zeitungsangebot geliebt und bin zu einem begeisterten Zeitungsleser geworden. Nach Schulzeit und Mittagessen habe ich mich in eine ruhige Ecke des Hauses zurückgezogen und die Zeitungen verschlungen – alle, von vorn bis hinten.

Die 1960er-Jahre waren einerseits unglaublich faszinierend, auf der anderen Seite aber auch ungeheuer deprimierend. So viele Ideale und Zukunftshoffnungen wurden gerade in uns jungen Menschen geweckt, dann aber sehr oft sehr schnell auch wieder zerstört.

VOM INTERESSIERTEN ZEITUNGSLESER ZUM ENGAGIERTEN ZEITGENOSSEN

Bei so einschneidenden Ereignissen der frühen 1960er-Jahre wie der Ermordung John F. Kennedys, seines Bruders Robert oder Martin Luther Kings kommt es mir vor, als hätte ich heute noch das Bild der damaligen Titelseiten der Zeitungen vor mir. Das hat mich damals zutiefst erschüttert. So großartige, faszinierende, ihre Zeit prägende Persönlichkeiten – auf einmal weg, weil verrückte Fanatiker das so wollten. Für meine erste Redeübung im Englischunterricht wählte ich als Thema das Kennedy-Zitat: »Ask not what your country can do for you, ask what you can do for your country!« Aber auch das Bild Patrice Lumumbas, des Vorkämpfers der afrikanischen Unabhängigkeitsbewegung und ersten Premiers des unabhängigen Kongo, der Anfang 1961 durch ein Komplott getötet wurde, an dem die USA und Belgien beteiligt waren.

Oder kurz darauf der bis heute ungeklärte Flugzeugabsturz (oder war es doch ein Abschuss?) über der Grenzregion des Kongos, bei dem der Schwede Dag Hammarskjöld, der zweite Generalsekretär der Vereinten Nationen, ums Leben kam, bevor er im Kongo-Konflikt weiter vermittelnd eingreifen konnte. Hammarskjöld wurde posthum der Friedensnobelpreis verliehen. Er hat ein spirituelles Tagebuch hinterlassen. Sätze wie »Den Rahmen unseres Schicksals dürfen wir nicht wählen. Des Rahmens Inhalt aber geben wir« sind wie Wegweiser durch das Leben. Heute weiß ich, wie recht er damit hatte und wie treffend er damit die Aufgabe beschreibt, vor der wir immer wieder stehen.

Es gibt Momente in der Weltgeschichte, die brennen sich in das kollektive Gedächtnis und in das jedes einzelnen Menschen ein, der diese Licht- und Schattenstunden von globaler Bedeutung selbst erlebt hat. Der 13. August 1961 war ein solcher: Als das Regime der Deutschen Demokratischen Republik eine Mauer quer durch Berlin bauen ließ, verbrachte unsere Familie den Sommerurlaub am Attersee. Für mich waren diese Ereignisse entsetzlich, unvorstellbar und deprimierend.

Bundeskanzler Josef Klaus hat 1965 eine sehr visionäre Rede vor dem Europarat gehalten und damit dem jahrzehntelang unvollständigen europäischen Haus Ausdruck verliehen: »Wir haben uns im Westflügel des Hauses Europa eingerichtet. Aber der Ostflügel ist noch nicht bewohnt!« 28 Jahre werden die Berliner Mauer und der Eiserne Vorhang die beiden Haushälften trennen. Im Prinzip hatte das kommunistische System aber bereits mit dem ersten Meter Mauer und der ersten Rolle Stacheldraht abgedankt und seinen Anspruch auf ideologische Meinungsführerschaft aufgegeben.

Was folgte, war ein langer Rückzug, ein langer und ein für viele Menschen leidvoller Abwehrkampf der Regime in der DDR und der anderen Staaten des Warschauer Pakts. Mit der Bezeichnung »antifaschistischer Schutzwall« versuchte die DDR-Führung die offene Grenze zu West-Berlin als eine »faschistische« Bedrohung für Ostdeutschland darzustellen. In Wahrheit, und das war mir als jungem Zeitungsleser schon völlig klar, sollten die Mauer und die weiteren Grenzbefestigungen die Flucht aus der DDR verhindern.

Die vom damaligen Regierenden Bürgermeister Berlins und späteren deutschen Bundeskanzler Willy Brandt geprägte Bezeichnung »Schandmauer« ist ein geflügeltes Wort geworden. Genauso wie die legendäre und umjubelte Solidaritätsadresse von US-Präsident John F. Kennedy zwei Jahre später vor dem Rathaus Schöneberg in West-Berlin: »Ich bin ein Berliner.«

EINE FUSION, EIN CLUB, EINE GESINNUNG

1965 gründete ich gemeinsam mit gleichgesinnten Klassenkameraden im Linzer Fadinger-Gymnasium im Rahmen der bereits in den 1950er-Jahren entstandenen Europäischen Jugend aus dem Stand heraus den Europaclub Linz. Nicht, weil uns fad war und wir eine Freizeitbeschäftigung suchten, sondern weil wir damals schon einer echten europäischen Gesinnung folgten. In der Europäischen Jugend war es selbstverständlich, dass man überparteilich war. Wir haben auch nie nach den Parteipräferenzen gefragt, alle parteipolitischen Gruppierungen waren vertreten. Seit dieser Zeit in der Europäischen Jugend und den dort gewonnenen Bekanntschaften und Einsichten hatte ich nie mehr Berührungsängste gegenüber anderen politischen Richtungen und Meinungen, sofern diese nicht radikalen oder extremistischen Ansichten folgten. Insofern bin ich, was meine politische Prägung betrifft, in einem Mischwald aufgewachsen, der ja unter Forstwirtschaftlern als gesündeste und widerstandsfähigste Waldgesellschaft gilt. So breit aufgestellt wie unsere Europäische Jugend war damals keine andere Jugendorganisation. »In Linz beginnt's« klingt zwar ein wenig abgedroschen. Allerdings hat es im Falle unseres Linzer Europaclubs seine Richtigkeit. Unser Club ist sehr schnell zur größten überparteilichen Jugendorganisation Oberösterreichs angewachsen.

Die Europäische Jugend hat mich sozialisiert, politisiert und europäisiert. Wenn ich an die Anfänge zurückdenke, muss ich ehrlicherweise hinzufügen: Wir »Gründerväter« des Europaclub Linz waren sicher auch euphorisiert, hätten wir doch nie gedacht, dass unsere Initiative so großes Echo hervorruft. Wir haben unsere Linzer Europa-Gründung aber auch mit einigem Raffinement angestellt.

Zunächst klopften wir beim Gymnasium Körnerschule an, damals eine Schule ausschließlich für Mädchen, während es bei uns nur Burschen gab. Wir suchten und fanden dort Gleichgesinnte und gründeten mit ihnen den Club-Vorstand. Wir zwölf Gefährten zogen aus, um unser Linzer »Kerneuropa« zu gründen. Am Ende waren wir 500. Es zeigte sich, dass sich mit dem Thema Europa Begeisterung inspirieren lässt. Was damals funktionierte, kann immer noch funktionieren.

Unser Erfolgsrezept war eine Mischung aus Veranstaltungen, Vorträgen und Diskussionen zu Europa mit Ausflügen, Ski- und Wandertagen, Tanzveranstaltungen und Ähnlichem mehr, um die sozialen Bindungen zu fördern, damit neben den europapolitischen Inhalten das Gesellige nicht zu kurz kam. Wir hatten viel Spaß, es war lustig, aber unser Europaclub Linz stand auf einem sehr ernsten Fundament. Das von den damaligen Politikern auch so wahrgenommen und mit ihrer Teilnahme an unseren Veranstaltungen gewürdigt wurde. Und sie kamen, die großen

Politiker aus der Hauptstadt, wohl um zu sehen, wes Geistes Kind wir waren. Rudolf Kirchschläger, der damalige Außenminister und spätere Bundespräsident, und Bruno Kreisky, der ja bekannt dafür war, den direkten Kontakt zur Jugend zu suchen, reisten aus Wien an. Auch etliche Landespolitiker, Wissenschaftler und Kulturschaffende gaben uns die Ehre.

»Wenn ich nochmals mit dem Aufbau Europas beginnen könnte, dann würde ich mit der Kultur beginnen.« Dieses Zitat wird dem großen Europa-Architekten Jean Monnet zugeschrieben. Für die Arbeit und Programmgestaltung unseres Europaclubs passt das Zitat trotzdem hervorragend, da wir mit diesem Sowohl-als-auch von politischen, wirtschaftlichen und kulturellen Themen großen Erfolg hatten.

Monnet stammte aus dem westfranzösischen Cognac, war Spross einer Kaufmannsdynastie, die – wie könnte es bei dem Geburtsort anders sein! – im Weinbrandhandel tätig war. 1965, im gleichen Jahr, als wir den Europaclub Linz gründeten, schloss sich Europa in einem weiteren Einigungsschritt zu einem eng verflochtenen politischen Gebilde zusammen. Der EG-Fusionsvertrag wurde am 8. April 1965 in Brüssel unterzeichnet. Er fusionierte die drei getrennten Europäischen Gemeinschaften: die Europäische Wirtschaftsgemeinschaft, die Europäische Gemeinschaft für Kohle und Stahl und die Europäische Atomgemeinschaft. Um diesen doch komplexen Vorgang etwas verständlicher zu machen, erstellte ich mit meinem Team eine »Lehr- und Informationsmappe Europa« für den Unterricht in interessierten Gymnasien.

DIE BURG

Um etwas weiterzubringen, bedarf es konkreter Maßnahmen, einer bestimmten Zeit, eines bestimmten Orts. Alle drei müssen zusammenwirken. Burg Forchtenstein, das mittelalterliche Gemäuer, thronend über der steirischen Ortschaft Neumarkt im Bezirk Murau, malerisch gelegen vor dem Panorama der Seetaler Alpen und dem Naturpark Zirbitzkogel-Grebenzen, war jener Ort. Meine Jugend war die richtige Zeit. Hier habe ich mit Gleichgesinnten und Andersdenkenden über das gemeinsame Europa diskutiert. Damals schmiedeten wir Zukunftspläne für Europa. Viele davon haben auf die eine oder andere Art eine Verwirklichung erfahren.

Beispiele gefällig? Im Stiegenhaus der Europaburg hängt ein gerahmtes Plakat aus dem Jahr 1968: Darauf forderten wir unter der Überschrift »Europa-Aktion« auf Deutsch und in vier weiteren Sprachen »Eine Währung für Europa«. Das Zentrum des Plakats bildet eine unserem österreichischen Schilling in Schrift und Form zwar ähnelnde, aber ansonsten für die damalige Zeit geradezu utopisch erscheinende »1 EURO«-Münze. Das Motto unserer Währungsidee lautete: »In unitate robur« – »In Einheit stark«. Wir haben uns damals ausgerechnet: Würde man einen österreichischen Schilling nacheinander in alle damaligen Währungen der westeuropäischen Staaten, also die Deutsche Mark, das französische Franc, die italienische Lira et cetera wechseln, wäre der Schilling nach Abschluss eines solchen Durchgangs nur noch die Hälfte wert. Was wohl gewesen wäre, hätten wir uns die damalige Namensidee patentieren lassen? Jedenfalls hat es mich und meine damaligen Euro-Erfinder sehr gefreut, als wir am 1. Jänner 2002 »unseren« Euro, 34 Jahre nach seiner ideellen Geburt auf der Europaburg Neumarkt, erstmals in Händen hielten.

Mit dem Slogan »Ein Europa ohne Grenzen« haben wir so etwas wie den Schengen-Raum entworfen. Mit unserer Forderung nach einer »Direktwahl des Europäischen Parlaments« sollte seine demokratiepolitische Legitimation gestärkt werden. 1979 war es tatsächlich so weit, das Europäische Parlament wurde erstmals direkt gewählt.

Auch die sich daran anschließenden Forderungen gingen in Erfüllung: Dieses Europäische Parlament sollte nicht nur beratend tätig sein, sondern Budgets beschließen und Kommissionsmitglieder akzeptieren oder ablehnen können.

Großartige Persönlichkeiten haben uns auf der Europaburg begleitet und inspiriert. Zum Beispiel der deutsche Publizist Professor Claus Schöndube und seine französische Frau Romy oder die Italienerin Caterina Chizzola, Generalsekretärin der Union Europäischer Föderalisten in Brüssel.

Im Innenhof der Neumarkter Burg erinnert eine Tafel mit der Gravur »Dem großen Europäer« an Robert Schuman. Im Herbst 1956 war Schuman Gast auf Forchtenstein. Seine Freude drückte er folgendermaßen aus: »Möge diese Burg im eigentlichen und im übertragenen Sinne des Wortes eine Festung des europäischen Gedankens sein!« Schumans Wunsch ist in Erfüllung gegangen, und sein Anliegen, hier einen Ort europäischen Denkens zu ermöglichen, wird Jahr für Jahr neu mit Leben erfüllt.

2018, und damit schließt sich der Kreis zu Jean Monnet und seiner Europastiftung, konnte ich gemeinsam mit anderen »österreichischen Europäern« die Europaburg als Sitz unserer Stiftung EYFON (European Youth Forum Neumarkt) übernehmen. Seither kommen jährlich rund tausend Jugendliche im Alter von 14 bis 25 Jahren nach Neumarkt, um dort – so wie ich in den 1960er-Jahren – das gemeinsame Europa ganz konkret zu erleben, zu denken, zu debattieren, im Wissen und aus eigener Erfahrung, dass jugendliche Hoffnungen, Wünsche und Träume irgendwann durchaus Wirkmächtigkeit erlangen und so wie unser Burg-Euro mit dem Prägestempel 1968 einmal Wirklichkeit werden können.

DIE REIFEPRÜFUNG

Für die Erwachsenen der 1960er-Jahre waren wir junge Idealisten. Beäugte man unsere Initiativen auch gelegentlich mit einiger Skepsis, hat unser überparteilicher Zugang im Grunde Anerkennung gefunden, zumal unzweifelhaft war, dass kein politisches Lager uns vereinnahmen und vor irgendeinen politischen Karren spannen konnte. Für die Altvorderen waren wir Idealisten und Träumer. »Eine schöne Idee, aber das wird nichts«, hat selbst meine spätere Frau Erni damals zu mir gesagt, als wir am Europatag 1967 die Europafahne am Linzer Rathaus hissten. Sie dachte, das nationale Eigeninteresse werde immer die Oberhand behalten und über das europäische Gesamtinteresse siegen. Mit dieser Meinung stand sie nicht allein da. Aber gut für uns beide, unser Land, unseren Kontinent, dass sie in diesem speziellen Fall einmal nicht recht behalten sollte. Oder bin ich hier zu optimistisch?

Gebremst hat uns die Skepsis keineswegs. Vielleicht hat sie uns sogar befeuert. Der Europatag 1967 in Linz war daher eine gute Gelegenheit, wieder einmal deutlich Flagge zu zeigen. Anlässlich einer Kundgebung vor dem Linzer Landhaus konnte ich gemeinsam mit dem damaligen Linzer Vizebürgermeister und dem damaligen oberösterreichischen Landeshauptmann ein Bekenntnis für Europa abgeben. Unser Europaclub hatte die Europafahne vor dem Landhaus gehisst. Die Vorfreude auf die große, prominent besetzte Veranstaltung stieg. Auch das mediale Interesse war beträchtlich. Doch dann kam es anders. Aufgrund der Energiepreiserhöhung eines städtischen Betriebes in Linz kam es vor dem Rathaus zu einer Demonstration, in deren Verlauf das Glas der Eingangstür ins Rathaus zu Bruch ging. Dieser Vorfall war natürlich die Topmeldung in allen Medien und für unsere konstruktive, proeuropäische Aktion fand sich kein oder nur noch ein winziger Platz, versteckt in den hinteren Seiten der Zeitung.

Das hat mich damals geärgert. Auch heute schmerzt es mich immer wieder aufs Neue, wenn vernünftige, konstruktive Ideen in der medialen Berichterstattung zugunsten von Provokation und Aktionismus den Kürzeren ziehen. Ich habe es mir abgewöhnt, darüber zu klagen. Ich bin seit jeher im Lager der Konstruktiven. Und nach wie vor davon überzeugt, dass diese schlussendlich die gestaltende Kraft sind und sein werden.

Unser europäisches Denken und Fühlen von damals machte uns zu einer Spezies, die in Österreich zu jener Zeit eine Seltenheit war. Das damals erworbene Wissen konnte ich aber sehr gut gebrauchen, als es aufs Ende meiner Gymnasialzeit zuging. Im Jahr 1967 legte ich die Reifeprüfung ab. Ein Teil davon war eine schriftliche Arbeit, für die ich höchstes Lob einheimste. Das war kein Wunder, denn sie handelte von meinem Lieblingsthema. Der Titel lautete: »Österreich zwischen Europäischer Wirtschaftsgemeinschaft (EWG) und Europäischer Freihandelsassoziation (EFTA) – Gedanken eines jungen Zeitungslesers«. Im mündlichen Teil der Matura wollte der Vorsitzende der Prüfungskommission wissen, wie stark meine europapolitische Substanz im persönlichen Gespräch ist, ob ich meine verschriftlichten Inhalte und Argumente auch in einer Art frühen »Defensio« vorbringen und verteidigen könne. So hat er mir weitere europapolitische Fragen gestellt und mein Europäer-Sein auf Herz und Nieren geprüft. Ich bestand und hatte dadurch eine Art Europa-Bonus. Dieser kam mir im weiteren Verlauf der Prüfung sehr gelegen, da ich im Fach Mathematik nach der verhauten schriftlichen Arbeit nun auch mündlich zu scheitern drohte. Der Vorsitzende sah mir die fehlende mathematische Begabung nach und beendete meine Schullaufbahn mit dem bis heute befreiend in meinen Ohren klingenden Kommentar: »Danke, es genügt mir!«

DAS KLIMA WIRD RAUER

Meine Generation, weithin bekannt als die 68er, stellte der Weltlage ein Zeugnis mit vielen »Nicht genügend« aus. Beim Verteilen der Fünfer war ich auch dabei. Die Ideen der Zeit, die Idole und ihre Forderungen nach einer besseren Welt oder zumindest einer besseren Weltordnung, nach mehr Freiheit, nach Dialog und Solidarität haben mich anhaltend geprägt. Dieses Jahrzehnt folgte keiner geraden Linie. Es war ein wilder Ritt, der einmal steil nach oben führte und dann aber wieder ins scheinbar Bodenlose stürzte.

Ich war mit unserem Europaclub gerade auf einer Europareise unterwegs, als wir am Morgen des 21. August 1968 in Straßburg die Nachricht vom Einmarsch von fünf Armeen des Warschauer Pakts in die Tschechoslowakei, von Panzern auf den Straßen Prags und den anderen Städten des Landes und dem brutalen politischen Wetterumsturz raus aus dem Prager Frühling in einen vom Kreml befohlenen Moskauer Winter hörten.

Die Meldungen waren wie eine eiskalte Dusche für uns, die wir gerade in einem europäischen Sommer schwelgten. Um acht Uhr früh, als wir im Elsass beim Frühstück saßen, war die »Operation Donau« in der ČSSR bereits beendet, alle wichtigen Orte des Landes unter Kontrolle gebracht. Obwohl all das sich 600 Kilometer von uns entfernt in Prag ereignete, erschütterten uns die Vorgänge, als wären wir persönlich vor Ort.

Wir dachten nun, dass die Hoffnung auf mehr Freiheit und Frieden für ganz Europa zerstört wären. Dass sich ab nun die Verhältnisse nicht ändern würden, dass der Ostflügel unseres Kontinents, um das vorhin zitierte Bild von Bundeskanzler Klaus aufzugreifen, auf immer für die europäischen Werte Demokratie und Freiheit unbewohnbar bleiben würde. Heute kann man sich vielfach gar nicht mehr vorstellen, was die Teilung Europas damals gerade für uns in Mitteleuropa bedeutete. Wir waren mittendrin auf der heißen Linie. Hätte da einer auf den falschen Knopf gedrückt, wären wir alle weg gewesen.

Gleichzeitig war da eine ungeheure Aufbruchstimmung, die mit der Wahl von John F. Kennedy zum US-Präsidenten seinen Anfang genommen hat. In diesen Jahren verfestigte sich in der Jugend der Gedanke: Wir können es. Wir wollen es. Wir schaffen eine bessere, eine friedlichere Welt. Den Soundtrack zu diesem Gefühl lieferte John Lennon mit »Give Peace a Chance«. Das war das Programm der 68er-Bewegung. So wie »We Shall Overcome« das Protestlied der amerikanischen Bürgerrechtsbewegung wurde. Diese musikalischen Ikonen verfehlen bis heute nicht ihre Wirkung.

Und dann, im absoluten Kontrast dazu, als absolute Negativfolie zu dieser Flower-Power-Bewegung die durch unser Nachbarland rollenden Sowjetpanzer, gleich hinter der Nordgrenze Österreichs. »Lenin, wach auf, Breschnew ist verrückt geworden!«, werden Zeitzeugen später von damals hastig auf Prager Hausmauern gekritzelte Aufschriften berichten. Mehr Widerstand als solcherart symbolische Formen des Aufbegehrens war angesichts der gewaltigen Übermacht nicht möglich. Auch die uns alle so betroffen gemachte Selbstverbrennung des Studenten Jan Palach aus Protest gegen seine Heimat konnte daran nichts ändern. Der »Sozialismus mit menschlichem Antlitz« des KP-Reformers Alexander Dubček musste von einer Stunde auf die andere wieder der unmenschlichen Fratze des Gulag-Kommunismus weichen. Dubček und seine Vertrauten wurden nach Moskau verschleppt. Für mich der österreichische Held der Stunde war der damalige Botschafter Rudolf Kirchschläger, der in der österreichischen Vertretung in Prag gegen die ausdrückliche Weisung aus Wien persönlich Einreise-Visa in die Pässe der Fluchtwilligen stempelte. Dank dieses Akts persönlicher Zivilcourage war Österreich eines der ganz wenigen Länder, die in dieser Situation Visa erteilten. Und das nicht zu knapp: Laut Zahlen des

Außenministeriums wurden ab dem 22. August pro Tag rund 3000 Visa, manchmal sogar bis zu 5000 ausgestellt. Eine mutige, eine historische Tat, für die Rudolf Kirchschläger zu Recht auch auf europäischer Ebene geehrt wurde. Für mich ist Kirchschlägers damals gegen großen Widerstand geleistete europäische Nachbarschaftshilfe das in die Tat umgesetzte Motto »Wo Recht zu Unrecht wird, wird Widerstand zur Pflicht, Gehorsam aber zum Verbrechen«. Diese Losung wird meist Bert Brecht zugesprochen, stammt aber von Vincenzo Gioacchino Pecci, dem späteren Papst Leo XIII., der 1891 die erste Sozialenzyklika veröffentlicht hat.

Das brutale Aus für den Prager Frühling hat unserem damaligen europäischen Idealismus einen herben Dämpfer versetzt. Rückblickend betrachtet haben die Sowjet-Panzer, die den Prager Frühling in den Boden walzten, so wie sieben Jahre davor die Erbauer der Berliner Mauer das Ende des Kommunismus vorweggenommen. Das System brach zwar erst 1989 endgültig zusammen, aber geistig war es seit diesem 21. August tot. Der Kommunismus, der an sich selbst den Anspruch stellte, einen neuen, besseren Menschen in einer neuen, besseren Welt zu schaffen, wurde von der Realität der Berliner Mauer und der durch Prag rollenden Panzer zerdrückt.

»WEAR FLOWERS IN YOUR HAIR«

Zurück aus Straßburg, bereitete ich mich auf meine nächste Reise vor. Ich wollte nach Amerika, dem Ausgangspunkt und Zentrum der Hippiebewegung. Denn auch ich war ein Hippie. Zumindest schaute ich aus wie einer. Ich hatte lange Haare, trug Jeans und kultivierte das Tragen eines roten Pullovers zu meinem Markenzeichen. Diese Kombination, besonders meine Frisur, erregte das Missfallen meines Vaters, der mir kein Geld für die geplante Reise geben wollte. »Brauchst mir eh meine Reise nicht bezahlen«, gab ich ihm Konter und habe mir dann meine Reisekosten mit Schichtarbeit in unserer Ziegelfabrik selbst finanziert. Von vier Uhr früh bis zwölf Uhr Mittag robotete ich im Werk, dann wechselte ich schnell die Kleidung, und ab ging's auf die Uni. Auch ein Privatleben gab es ja noch zu leben, eine Freundin hatte ich auch und dann noch den Europaclub mit seinen Diskussions- und Debattierrunden. In diesen Monaten vor meinem Abflug in die USA war ich oft so müde, dass ich fast im Stehen einschlief.

Im Juli 1969 endlich war es so weit. Ich stieg in das Flugzeug Richtung Westen. Aufgrund eines Sturms musste die viermotorige Propellermaschine – damals das übliche Fluggerät für transatlantische Reisen – über Island wieder umdrehen. Beim zweiten Versuch klappte es. Um vier Uhr früh Ortszeit landete ich in New York. Die erste Erinnerung, die ich heute noch mit diesem Tag verbinde: Es war heiß und feucht, ich war übermüdet, und der Freund, der mich abholen sollte, war nicht da. Mit meinem Koffer allein im hektischen Morgengetriebe New Yorks stehend, wurde ich von einem Gauner gleich um einen Teil meiner Barschaft erleichtert. Ein durchwachsener Start für eine schließlich großartige zweimonatige Reise.

Die zweite Erinnerung betrifft Edward »Ted« Kennedy, den jüngeren Bruder von John F. und Robert Kennedy. Die Zeitungen in den USA waren bei meiner Ankunft voll von Berichten über seinen Unfall auf der Insel Chappaquiddick.

Kennedy hatte spätabends am 18. Juli 1969 bei einem Ausflug auf die kleine Insel vor der Küste von Massachusetts unweit von Martha's Vineyard die Kontrolle über seinen Wagen verloren. Das Auto stürzte von einer Brücke in einen Gezeitenkanal. Kennedy konnte sich retten, aber seine Sekretärin und Wahlkampfhelferin am Beifahrersitz, Mary Jo Kopechne, ertrank. Dass Kennedy den Unfallort verließ und erst Stunden später die Polizei rief, führte zu vielen Verdächtigungen. Zusammen mit dem anschließenden Gerichtsprozess und einer Verurteilung auf Bewährung soll dieser Vorfall der Grund gewesen sein, dass der dritte der legendären Kennedy-Brüder nicht für das Präsidentenamt kandidierte. Fast fünfzig Jahre lang war Ted Kennedy jedoch eine Instanz als US-Senator, wurde wegen seines Einflusses »Löwe des Senats« genannt und war entscheidend an der Abfassung von hunderten wichtigen Gesetzen im Gesundheits-, Sozial-, Bildungs- und Arbeitsbereich beteiligt. Außerdem setzte er sich bereits in den 1960er-Jahren für die Rechte der Schwarzen und eine Beendigung des Vietnamkrieges ein – was ihn mir politisch sympathisch machte.

New York war für mich eine völlig andere Welt, eröffnete mir aber von Beginn an ein faszinierendes Gesamtbild: so viele Kulturen, Atmosphären, Stadtteile zwischen Uptown und Downtown! Ich stieg in die U-Bahn ein und ein paar Minuten Fahrzeit später wieder aus, und es kam mir vor, als wäre ich in einer völlig anderen Stadt gelandet. Ich habe Hotdogs geliebt, mir um zehn Cents Cola aus dem Automaten gedrückt und die Atmosphäre in der U-Bahn mit den vielen Menschen als ungeheuer spannend empfunden. Noch heute kommen mir, wenn ich durch New York gehe und den Geruch der U-Bahn aus den Luftschächten wahrnehme, nostalgische Gefühle.

Mit einem Ticket für 125 Dollar bin ich anschließend auf eigene Faust mit dem Greyhound-Bus zwei Monate durch die ganzen Staaten gereist, mit einem Abstecher nach Kanada. Der absolute Höhepunkt meiner Reise war San Francisco, Hippie-Metropole und der 68er-Hotspot schlechthin. Die Bilder, die auch als Zeilen in Scott McKenzies Hippie-Hymne vorkommen, werden lebendig, sobald ich nur dran denke. Oder auch die Szenen von damals im Hafenviertel Fisherman's Wharf, wo ich mit gleichaltrigen Buddhisten unter Gebetsfahnen zusammengesessen bin, um mit ihnen gemeinsam spirituelle Texte meditativ monoton so lange zu wiederholen, bis eine innere Ruhe, das Gefühl der Erhabenheit eintrat und zum Schluss eine Erleuchtung folgen sollte. Nun, mit der Erleuchtung ist es – wie zu erwarten war – nichts geworden. Aber eine wunderbare Erinnerung ist es allemal. Zurückgeblieben ist jedenfalls die Erkenntnis, dass Religionen wohl unterschiedlich gestaltet sein mögen und jede ihre eigenen Wurzeln hat. Aber alle diese Wurzeln führen letztlich zum selben Baum.

Jedes Mal, wenn Gefahr bestand, dass ich in Richtung Erleuchtung abheben könnte, holte mich die Ebbe in meiner Reisekasse auf den Boden der Tatsachen zurück. Eine einfache Art, zu Cash zu gelangen, war Blut zu spenden. Aber da ich noch keine 21 Jahre alt war, schickte mich die eiserne Lady von der Blutspendestelle wieder weg. Nun sank mein Geldbörsenpegel weiter dramatisch. Das bedeutete, dass ab sofort Schmalhans als Küchenmeister werkte. Und der setzte die von mir verabscheuten billigen Leberwürste und

Johannisbeersäfte auf einen kargen Speiseplan. So eintönig dieser war, so aufregend und abwechslungsreich war mein Aufenthalt in San Francisco, die Begegnungen und Diskussionen mit den jungen Menschen aus der ganzen Welt in der Market Street und über allem diese wunderbare Musik der späten 1960er-Jahre. Aufregend und abwechslungsreich war auch der weitere Trip nach Los Angeles und New Orleans. Dallas mied ich, zu sehr belasteten mich noch die Erinnerungen an das Attentat auf mein Idol Kennedy. Weiter ging's in die Hauptstadt Washington, D.C. Dort setzte ich mich in die Zuschauerränge des Senats, verfolgte Sitzungen und war live dabei, als über den Vietnamkrieg debattiert wurde. Das erinnerte mich an einen früheren Besuch der Anne-Frank-Stiftung in Amsterdam, als ich in eine Demonstration gegen den Vietnamkrieg geriet und in den »Ho-Ho-Ho-Chi-Minh!«-Protestchor gegen Napalmbomben und Entlaubungspestizide mit einstimmte.

Allerdings wusste ich auch, was Österreich Amerika zu verdanken hat. Die Tafel mit der Aufschrift »Welcome to U.S. Zone Austria« auf der amerikanischen Seite der Linzer Nibelungenbrücke ist in mein Bewusstsein eingebrannt. Amerika hat uns in der Nachkriegszeit regelrecht aufgepäppelt. Und das im wahrsten Sinne des Wortes, wenn man an die Lebensmittelpakete bis hin zu den Milchpackerln für die Schulkinder denkt. Wahrlich beeindruckend sind die Dimensionen des Marshallplans nach dem Zweiten Weltkrieg. Von 1948 bis 1952 haben die Amerikaner rund 13 Milliarden Dollar (heutiger Wert: über 130 Milliarden Dollar) in den wirtschaftlichen Wiederaufbau Westeuropas gesteckt. Knapp eine Milliarde davon ist nach Österreich geflossen. Unser rascher wirtschaftlicher Erfolg ist ohne die Hilfe der USA nach dem Krieg undenkbar. 1961 übergaben die Amerikaner die gesamten Mittel an die österreichische Regierung, die 1962 den ERP-Fonds einrichtete. Der pumpt heute noch jährlich rund 500 Millionen Euro langfristiger und zinsgünstiger Darlehen für Investitionen in die Wirtschaft.

. Gleichzeitig verfolgte die US-Regierung mit ihren dankenswerten Wiederaufbauhilfen für Westeuropa natürlich die politische Strategie, uns mit dem Wegfall von Hunger und Armut auch vor dem Einfluss des Kommunismus abzuschotten und gleichzeitig einen Absatzmarkt für amerikanische Produkte zu schaffen. Auch diese Strategie hat funktioniert, zum Vorteil Amerikas und Europas.

1969 kam ich aus den USA nach Hause zurück, auf 40 Kilogramm abgemagert, aber fröhlich und bestärkt in meinen Idealen von Frieden, Gleichberechtigung und Anti-Diskriminierung. Was immer man heute an den 68ern zu bemängeln hat, sie waren die erste globale Bewegung, die die enormen wirtschaftlichen Diskrepanzen zwischen der Nord- und Südhalbkugel thematisierten und an den Pranger stellten.

Auf ähnliche Art und Weise ist die Umweltbewegung und das Denken in globalen Ressourcen (Stichwort Club-of-Rome-Bericht 1972: »Grenzen des Wachstums«) entstanden. Gleiches gilt für den Kampf gegen Rassismus und Diskriminierung und die allgemeine Gültigkeit der Menschenrechte. Auch die Gleichstellung zwischen Mann und Frau hat durch die 68er wichtige Impulse erhalten. Vieles, was Jahrzehnte später in der Charta der Grundrechte der Europäischen Union als der Kernbestand des europäischen Wertekatalogs rechtlich verbrieft wurde, ist von der Jugendbewegung am Übergang von den 1960er- zu den 1970er-Jahren erstmals eingefordert worden. Unsere Proteste verliefen durchwegs friedlich, mit Randalierern hatten wir nichts am Hut. Dafür hatten wir viel Spaß: Musik, ausgefallene Kleidung, Happenings und den Slogan »Make love, not war«. Das war unser Leben, mit dem ein neues Lebensgefühl einer jungen Generation entstanden ist.

Hoffnung, Zuversicht, Vertrauen, diese Begriffe klingen heute altmodisch, aber für mich sind sie das nicht. Für mich sind diese Ideale zeitlos. Für mich und viele Mitstreiter meiner Generation nehme ich in Anspruch, dass wir das Gedankengut der 68er mit unseren europäischen Werten verbinden konnten.

KAPITEL 3

1970 BIS 1979:
EIN »WOLKENKUCKUCKSHEIM«
WIRD REALITÄT

Es war 1970. Eine Nationalratswahl stand an. In deren Vorfeld wurde viel diskutiert. Auch und quotenstark im TV. Besonders energisch im ORF-Diskussionsformat »Stadtgespräche«, das mit eiserner Hand von Helmut Zilk, dem späteren Wiener SPÖ-Bürgermeister, moderiert wurde. Nun kam es in der Vorwahlzeit zu einer Elefantenrunde im »Stadtgespräch«. Die Teilnehmer waren zum einen Josef Klaus, Bundeskanzler der ÖVP-Alleinregierung, der genau das auch bleiben wollte. Zum anderen Bruno Kreisky, der SPÖ-Vorsitzender war und Bundeskanzler zu werden beabsichtigte. Und dann war da noch FPÖ-Chef Friedrich Peter, der das Zünglein an der Waage spielen und Vizekanzler werden wollte.

Ich saß im Publikum, meldete mich zu Wort und wurde tatsächlich drangenommen. Ich stand auf, stellte mich vor und sagte: »Verehrte Politiker, Sie haben jetzt alle drei viel über Österreich geredet. Wo bleibt das Thema Europa? Europa ist doch unser aller Zukunft und mindestens genauso entscheidend, wenn nicht viel entscheidender als das, was sich bei uns im Land abspielt. Ich meine, die Bedeutung Europa wird bei uns zu wenig anerkannt.« Dann habe ich meine Europa-Anstecknadel vom Sakko-Revers genommen, habe sie in die Kamera gezeigt und gesagt: »Vielleicht sollte man einigen Politikern mit dieser Nadel einen Stich in den Allerwertesten *(wortwörtlich!)* versetzen, damit sie in Richtung Europa mehr Beweglichkeit zeigen!« Großes Gelächter und viel Applaus im Publikum folgten. Die drei Spitzenpolitiker am Podium hießen meine Europa-Intervention ebenfalls gut und betonten, wie sehr es sie freue, dass ein Vertreter der jungen Generation die europäische Perspektive einbringe.

Die Wahlen 1970 sind dann bekanntlich so ausgegangen, dass die ÖVP nicht nur die Absolute verlor, sondern die SPÖ die Wahl als stimmenstärkste Partei gewann. Bruno Kreisky wurde im Abtausch für eine Wahlrechtsreform, die kleinere Parteien begünstigte, mit Duldung der FPÖ zum Bundeskanzler einer Minderheitsregierung.

Die »Stadtgespräche« hatten den Grundstein zu ihrem späteren Status als Medienlegende bereits mit einer Folge im Jahr 1964 gelegt, als Helmut Zilk gemeinsam mit dem tschechoslowakischen Fernsehdirektor Jiří Pelikán unter dem Titel »Stadtgespräche Wien-Prag« eine gemeinsame Live-Sendung in Prag veranstaltete. Die Live-Sendung ermöglichte ein gewisses Unterlaufen der Zensur. Mit dem Ende des Prager Frühlings war es natürlich auch mit dieser kleinen medialen Freiheit in der Tschechoslowakei vorbei.

LINZER BOLOGNESE BEI KREISKY

In unserem Europaclub hatten wir uns zu dieser Zeit ganz besonders das Thema Bildung vorgenommen. Wir formulierten das auch als Forderung in Gestalt eines »Bildungsvertrags für Europa«. Stoßrichtung dieses Vertrags war, dass Bildungsabschlüsse auch jenseits der Grenzen des Landes, in dem sie gemacht wurden, anerkannt werden. Das Ziel sollte sein, dass Studierende unter Universitäten in verschiedenen Ländern wählen sowie auch wechseln können. Das große Ziel war, das Bildungssystem aus den nationalen Korsetten zu befreien und in einen europäischen Rahmen zu bringen.

Im Grunde haben wir mit diesem Bildungsvertrag für Europa erneut, wie schon 1968 mit unserer Euro-Initiative, nur das gemeinsame Europa konsequent weitergedacht und vielleicht damit den Bologna-Prozess vorweggenommen. Unter diesem Begriff versteht man die europaweite Vereinheitlichung von Studiengängen und -abschlüssen sowie die auf internationale Mobilität der Studierenden zielende transnationale Hochschulreform. Die Bezeichnung geht auf eine von den europäischen Bildungsministern 1999 in Bologna unterzeichnete Erklärung zurück. Nicht auszudenken, wie viel mehr Wissen, wie viel mehr Europabewusstsein in den Köpfen verankert sein könnte, wäre die Bildungsstrategie, die heute als »Bologna« bekannt ist, schon Jahrzehnte früher entstanden.

Dass wir mit unserem Bildungsvertrag kein Europa-Wolkenkuckucksheim forderten, sondern damit ein schon damals breit vorhandenes Bedürfnis auf die Agenda setzten, bestätigten die über 60.000 Unterschriften, die wir dafür binnen kurzer Zeit sammeln konnten. Damit in die politische Mittelgewichtsklasse aufgestiegen, fragten wir im Bundeskanzleramt um einen Termin an und wurden eingeladen. Bundeskanzler Kreisky begrüßte uns mit seiner bekannt sonoren Stimme, wir erklärten ihm unser Anliegen, er nahm den Bildungsvertrag in die Hand, las die Präambel, nickte das eine oder andere Mal zustimmend und unterschrieb ohne viel Federlesens.

Dann nahm er uns zur Seite und erklärte uns seine Sicht der Dinge. Er führte aus, worauf es ihm ankam und wie er uns empfehlen würde, unseren Europa-Enthusiasmus in konkrete Politik umzusetzen. »Schauts her«, sagte er, »wenn ihr jungen Europäer euer Ziel erreichen wollt, dass Österreich der Europäischen Wirtschaftsgemeinschaft beitreten kann, dann brauchen wir das Einverständnis von Russland dafür.« Das bekämen wir aber nur in einem Klima der Verständigung und des gegenseitigen Vertrauens, so Kreisky.

So simpel und so realpolitisch, wie es damals abgesehen von Kreisky nur wenige konnten: Nur mit Entspannungspolitik haben wir jungen Leute die Chance, unseren Traum zu verwirklichen, dass Österreich der Europäischen Wirtschaftsgemeinschaft beitreten kann. Nicht etwas gegeneinander zu erzwingen, sondern miteinander zu entwickeln, lautete seine Parole. Das hat mir sehr imponiert. Auch bei ihm muss unser Gespräch Eindruck gemacht haben, denn er machte mir ein sehr konkretes Jobangebot: »Sie sind ein talentierter junger Mann, ich nehme Sie sofort ins Außenministerium.« Dass ich dieses schmeichelhafte Angebot nicht annehmen werde, war mir schnell klar. Zu sehr war ich damals bereits als Nachfolger meines Vaters fest im Familienunternehmen eingeplant. Aber gefreut hat es mich sehr.

ZAUBERER UND ENTZAUBERER

Diese weitergedachte, weiter betriebene und strukturell umgesetzte Idee einer Entspannungspolitik für Europa entwickelte sich zur Konferenz über Sicherheit und Zusammenarbeit in Europa (KSZE), dem Vorgänger der OSZE, der Organisation für Sicherheit und Zusammenarbeit in Europa. Ziel dieses Gesprächskanals zwischen Ost und West war es, zu einem geregelten und kontinuierlichen Miteinander zu finden. In der KSZE-Schlussakte von Helsinki 1975, dem verbrieften Höhepunkt dieses Prozesses, trafen die Staaten westlich und östlich des Eisernen Vorhangs nicht nur Vereinbarungen für die Zusammenarbeit in Wirtschaft, Wissenschaft, Technik und Umwelt. Auch für Sicherheitsfragen und vor allem – und das war der große Sprung nach vorn – für eine Zusammenarbeit in humanitären Angelegenheiten und Menschenrechten wurde ein Einverständnis gefunden. Als ein Teilaspekt wurden auch wechselseitige Information und Kommunikation für zulässig erklärt. Die langfristigen Folgen dieser Öffnung können meines Erachtens gar nicht hoch genug eingeschätzt werden. Die Menschen im Osten konnten von nun an erfahren, wie wir im Westen leben und denken. Dass die Westsender nicht mehr wie vorher gestört wurden, hat das Arbeiter-und-Bauern-Paradies entzaubert.

Einer dieser Entzauberer des Ostblocks war Fürst Karl Schwarzenberg. Ein gebürtiger Prager, den Bruno Kreisky wohl auch wegen dessen tiefer familiärer Wurzeln in Böhmen als Präsident der Internationalen Helsinki-Föderation für Menschenrechte durchgesetzt hat. Schwarzenberg beschrieb die Rolle der KSZE und seine eigene in einem Interview mit der Wochenzeitung »Furche« einmal sehr bescheiden so: »Wir waren nur die Wasserträger. Das Wesentliche haben die Leute hinter dem Eisernen Vorhang selbst gemacht. Solidarność, die Charta 77 oder wer auch immer. Wir haben ihnen teilweise mit Informationen helfen können, teilweise sind wir bei der KSZE für Leute eingestanden und haben sie damit aus dem ›Kotter‹ rausgebracht. Oder wir haben Kopiermaschinen und ähnlichen Blödsinn rüberschicken können. Das ist aber alles nicht so wesentlich gewesen. Das Wesentliche haben die getan.«

Die wichtigste Aufgabe westeuropäischer Staaten, Institutionen und Menschen war aus seiner Sicht, dass »wir den Menschen drüben das Bewusstsein vermittelten: Ihr steht nicht allein.« Und mit dem Helsinki-Prozess, so die Expertise des Zeitzeugen, »haben die Sowjets einen Blödsinn gemacht. Sie haben gedacht, der Helsinki-Prozess festigt ihr Imperium und ihre Grenzen. Dabei haben sie übersehen, dass diese Menschenrechtsbedingungen – das unsterbliche Verdienst Jimmy Carters und einiger europäischer Politiker, in Österreich auch Erhard Buseks! – letztlich ihr System gesprengt haben.« Einer uralten Logik, einem bewährten Prinzip folgend, mit dem bereits die alten Ägypter scheinbar Unmögliches möglich machten. Um die Steinblöcke für ihre Pyramiden passgenau aus dem Fels brechen zu können, bohrten sie Löcher in den Stein, steckten Erbsen hinein und gossen diese mit Wasser. Langsam, aber sicher wurden durch die Quellkraft der Erbse selbst die größten

Steine gesprengt. Die KSZE-Schlussakte von Helsinki war für den Ostblock wie die Erbse für den Steinblock, lautet Schwarzenbergs Überzeugung: »Meine ganze Tätigkeit in der Helsinki-Föderation für Menschenrechte war dadurch ermöglicht. Ich konnte mich immer wieder darauf berufen, dass sie die Helsinki-Dokumente unterschrieben haben. Bei allen Behinderungen war das doch eine sehr starke Waffe.« Ein schöner Vergleich und für mich einer der stärksten Belege in der Geschichte des gemeinsamen Europas, dass steter proeuropäischer Tropfen versteinerte Strukturen, Grenzen und den Ungeist des Nationalismus auszuhöhlen und aufzusprengen imstande ist.

ROLLENDE STEINE

Am 1. Jänner 1973 war es also so weit: Die EWG wurde von sechs auf neun Mitgliedstaaten erweitert. Aber ich war zwiegespalten. Einerseits habe ich die erste Erweiterung der EWG natürlich begrüßt. Dass Dänemark, Irland und das Vereinigte Königreichs Teil der Europäischen Gemeinschaft wurden, war für uns ein eindeutiger Beweis für die Attraktivität dieser Idee, die Sinnhaftigkeit des europäischen Erweiterungsgedankens und dass wir mit unserem Einsatz richtiglagen. Andererseits war mit diesem Datum aber auch ein wenig Wehmut verbunden. Wir haben von der EWG geträumt. Diesen Traum umgesetzt haben andere. In den folgenden Jahrzehnten entwickelte sich doch manches anders als erwartet. Denken wir nur an Großbritannien. Einmal machen sich populistische Scharfmacher stark, und schon ist der Traum ausgeträumt.

Es gehört wohl zu den zweifelhaften Gnaden der Gegenwart, dass positive Ereignisse und Errungenschaften der Vergangenheit als Selbstverständlichkeit erachtet werden. Aber leicht war das Wachsen der Gemeinschaft keineswegs. Die Geschichte der europäischen Einigung war und ist mühsam, langwierig, weist kaum gerade Linien auf, aber dafür jede Menge verschlungene Pfade, Rückschritte und steile Anstiege.

Sisyphus kommt mir in den Sinn, der die ihm von den Göttern auferlegten Begrenzungen nicht akzeptieren mochte. So wie die Gründerväter Europas und wir von der Europäischen Jugend in ihren Fußstapfen auch keine Grenzen auf diesem Kontinent mehr akzeptieren wollten. Für seinen Frevel gegen die Götter wird Sisyphus in die Unterwelt gezwungen, wo er zur Strafe eine Felskugel auf ewig einen Berg hinaufwälzen muss. Jedes Mal, wenn er fast den Gipfel erreicht hat, rollt dieser Stein wieder hinunter, und die Arbeit beginnt von vorn. Auch Europas Stein den Einigungsberg hinaufzurollen ist schwer gewesen, manchmal ist er wieder zurückgerollt, aber ab und zu und mit der Zeit immer öfter ist er doch auch oben liegen geblieben. Mit dem Ergebnis, dass das europäische Einigungsprojekt einzigartig in der Geschichte der Menschheit ist. Und noch immer ist das europäische Einigungsprojekt im Zusammenspiel mit den auf griechischer Philosophie, römischem Recht, christlicher Religion und den Errungenschaften der Aufklärung fußenden Werten Demokratie, Freiheit, Menschenrechten ein ungeheuer faszinierendes Projekt.

Ich halte es da mit Bob Dylan und seinem Folk-Rock-Song »Like a Rolling Stone«, der auch eine Anspielung auf das englische Sprichwort »A rolling stone gathers no moss«

ist. Das gilt für mich auch für Europas Unionsgedanken: »Ein rollender Stein setzt kein Moos an.« Das gemeinsame Europa ist kein Stein, der Veränderung nur als Verwitterung kennt. Wir müssen Europa immer weiter ausrollen, zu neuen Gipfeln aufbrechen, Stillstand ist Rückschritt. So wie es Walter Hallstein, von 1958 bis 1967 erster Präsident der EWG-Kommission, mit seinem Drahtesel-Vergleich sehr passend und sinnfällig beschrieben hat: »Europa ist wie ein Fahrrad. Hält man es an, fällt es um.« Wir sind bis hierher gerollt, wir rollen das gemeinsame Europa weiter den Berg hinauf, auch und gerade, wenn wir manchmal sehr kräftig anschieben müssen. Ein Sisyphus-Europäer zu sein ist für mich auch keine Strafe. Stattdessen berufe ich mich da auf die beiden letzten Sätze von Albert Camus' Essay »Die Pest«: »Der Kampf gegen Gipfel vermag ein Menschenherz auszufüllen. Wir müssen uns Sisyphos als einen glücklichen Menschen vorstellen.«

WO POLITIK UND DIPLOMATIE VERSAGEN, ZAHLEN DIE MENSCHEN DRAUF

1973 war nicht nur das Jahr der ersten EWG-Erweiterung, es war auch das Jahr der ersten Energieverknappung vulgo Ölkrise mit einschneidenden Folgen für Europas Wirtschaft und Gesellschaft. Nach dem Jom-Kippur-Krieg im Oktober begrenzten die erdölproduzierenden Länder im Nahen und Mittleren Osten ihre Lieferungen, was den Ölpreis in die Höhe und die Industrieländer in eine schwere Rezession trieb.

Der Hamas-Terror am 50. Jahrestag des Jom-Kippur-Kriegs 2023 hat uns wieder einmal vor Augen geführt, dass sich gerade die menschenverachtendsten Abschnitte der Geschichte jederzeit wiederholen können. So wie 1973 folgt auch heute auf die menschlichen Tragödien des eskalierenden Nahostkonflikts und des Krieges in der Ukraine eine tiefe wirtschaftliche Depression. 1973 hat die Energiekrise zu einem massiven Einbruch geführt, der eine Periode der Hochkonjunktur ab 1968 abrupt beendet hat. Eine Blaupause zur jetzigen Zeit. Aus der Geschichte lernen heißt in diesen und vielen anderen (Kriegs-)Fällen: Konflikte, die man nicht durch Politik und Diplomatie löst, führen schnurgerade in die Eskalation, werden mit menschlichen Tragödien und Opfern sowie daran anschließend mit wirtschaftlicher Talfahrt und Wohlstandsverlusten für alle bezahlt. Oder kurz gesagt: Überall, wo Politik und Diplomatie versagen, zahlen die Menschen drauf. Leider erleben wir gerade den nächsten Akt im Trauerspiel mit dem Titel: Wer aus der Geschichte nicht lernt, ist dazu verurteilt, sie zu wiederholen.

1973 war ich am Sprung ins Unternehmen, habe in dieser schwierigen Zeit das Unternehmen zunächst als Stellvertreter und ab 1977 als allein verantwortlicher Geschäftsführer übernommen. Mein Vater sagte zu mir damals: »Eine Unternehmensführung muss man antreten, wenn eine schwierige Zeit ist. Dann zeigt sich, ob man der Aufgabe gewachsen ist. In guten Zeiten kann es ein jeder.« Er wusste, wovon er sprach, hatte er doch das Unternehmen nach den Verwüstungen des Zweiten Weltkriegs übernommen. So wie er habe auch ich mir auf gut Oberösterreichisch gedacht: Was dich nicht umhaut, macht dich stärker! Und so wie bei meinem Vater das Goethe-Wort aus »Faust I« zutraf, so war es bei mir: »Was du ererbt von deinen Vätern hast,

Erwirb es, um es zu besitzen.« Schaue ich auf die aktuell wirtschaftlich schwierige Situation gerade auch für die Baubranche, bleibt die hinter diesem Zitat stehende Forderung meinem Sohn Stefan ebenfalls nicht erspart.

SPITZ AUF KNOPF IN EFERDING

An dieser Stelle muss ich die sozialen Maßnahmen erwähnen, mit denen mein Vater Karl Leitl unsere Mitarbeiter gleichermaßen vom »Wirtschaftswunder« profitieren ließ. Ab 1971 konnten sie Gesellschaftsanteile zeichnen und so über ihre Gehälter hinaus an den Firmengewinnen teilhaben. 1973 setzte mein Vater eine weitere Maßnahme um und machte sämtliche Mitarbeiter mit einem Schlag zu »Mitangestellten«, das heißt, er löste in unserem Unternehmen den Arbeiterstand auf, beförderte alle Beschäftigten zu Angestellten samt den damit für sie einhergehenden sozialen Besserstellungen.

Dem ersten Ölpreisschock folgte nach einem kurzen konjunkturellen Zwischenaufschwung ein zweiter, der die Weltwirtschaft erneut ins Straucheln brachte. Der Grund für die Ölkrise 1979/1980 waren Förderausfälle und verunsicherte Märkte nach der Islamischen Revolution im Iran, dem Sturz von Schah Reza Pahlavi und der Machtübernahme von Ayatollah Khomeini sowie in weiterer Folge der Erste Golfkrieg zwischen dem Irak und dem Iran.

1982 führte dieser zweite Energiepreisschock zu einem Einbruch der österreichischen Bauwirtschaft. Es war auch das Jahr, in dem mein Vater allzufrüh starb, und wahrscheinlich die herausforderndste Zeit meines beruflichen Lebens.

Mein Vater war als wertvoller Gesprächspartner und Ratgeber nicht mehr neben mir. Ich war auf mich allein gestellt. Damals ist es Spitz auf Knopf gestanden. Um drei Uhr in der Nacht klingelte der Wecker, um vier Uhr war ich im Betrieb in Eferding und habe mit den Arbeitern im Schichtbetrieb den Arbeitstag besprochen und damit gezeigt, dass ich bereit bin, diese schwierige Zeit gemeinsam mit ihnen zu bewältigen. Als um sieben Uhr die Betriebsleiter eintrafen, war ich bereits auf dem neuesten Stand, und wir konnten über den Tag hinaus planen. Gemeistert haben wir diese Krise mit Einsatz, Fleiß und Zusammenhalt. Wichtig war zudem, dass wir Neues ent-wickeln konnten. Die großen Neuheiten entstehen immer in schwierigen Situationen. Wenn es gut läuft, wenn alles passt, ist jeder zufrieden, rennt ja eh … Aber wenn es schwierig wird, dann rennt nichts mehr von selbst, dann müssen wir uns was einfallen lassen. Das ist heute nicht anders. Das gilt für die Wirtschaft genauso wie für die Politik.

Aus dem kaufmännischen Bereich kommend, war die Bautechnik für mich zunächst Neuland. Ich hatte also einiges zu lernen, musste mich einarbeiten, Maschinen verstehen und die Produktivität steigern. Ein Beispiel in diesem Neuland war die Setzmaschine. Diese hatte jeweils 20 Ziegelreihen von den Ofenwagen zu entnehmen und auf Paletten zu stapeln. Die als Halterung dienenden Zungen zwischen den Ziegeln waren vier Zentimeter breit. Ich fragte den Betriebsleiter, ob wir diese Zungen um jeweils vier Millimeter verringern und 3,6 Zentimeter breit machen können. Würden sie trotzdem stabil genug sein, um die jeweilige Ziegelpartie daran hochheben zu können? Probieren geht über studieren! Es funktionierte und brachte den Vorteil mit sich, dass wir in jeder Charge eine weitere Ziegelreihe unterbringen und damit bei gleichen Kosten die Produktion um fünf Prozent steigern konnten. Gemeinsam mit unseren Experten konnten wir unser Produktprogramm weiter straffen und die Produktionslinien technisch optimieren. Aber so wie in der Politik braucht es auch in der Wirtschaft immer jemanden, der auf den Startknopf drückt: Das probieren wir! Los geht's! Wenn es schiefgeht, schade, aber wir haben es probiert, ich übernehme die Verantwortung – aber Gott sei Dank ist es oft gut gegangen.

Jean Monnet, einer der von mir bereits genannten Gründerväter des europäischen Projekts, hat genau diese Situationen geschildert: »Europa wird in Krisen geschaffen und wird die Summe der Lösungen sein, die in diesen Krisen gefunden wurden.« Die Geschichte des sich zusammenschließenden Europas zeigt, dass Weiterentwicklung meist in Krisensituationen gelungen ist. Wenn man ratlos um einen Tisch saß und eine oder einer sagte: So geht das, und so machen wir das jetzt. Dann hat man sich geeinigt, weil man sich hat einigen müssen. Das scheint im Menschen drinnen zu sein, dass wir nicht gleich das tun, was uns der Verstand gebietet, sondern erst dann in die Gänge kommen, wenn uns die Not dazu zwingt.

GELDVERTEILUNG MIT ZIEL

Ebenfalls dieser Logik folgend, wurde als europäische Antwort auf die schwierigen wirtschaftlichen und sozialen Verhältnisse in der Folge der Energiekrise am 10. Dezember

1974 der Kohäsionsfonds geschaffen. Damit sollten im Rahmen der europäischen Regionalpolitik Gelder von reichen in arme Regionen umgelenkt und ein innereuropäischer solidarischer Ausgleich ermöglicht werden – für mich eine der großen Errungenschaften der europäischen Solidarität. Denken wir im österreichischen Kontext nur an das Burgenland als Ziel-1-Gebiet, das wirklich massiv von diesem europäischen Fördertopf profitieren konnte. Aber auch andere österreichische Regionen konnten als Ziel-2-Gebiete die Hilfestellungen des Kohäsionsfonds nützen. Zum Beispiel die Region Steyr, darauf werde ich in einem der folgenden Kapitel über meine Zeit als Wirtschaftslandesrat in Oberösterreich noch näher eingehen.

Mitte der 1970er-Jahre kommt es in West- und Südeuropa zu politischen Umwälzungen, ohne die die Ausweitung des Europagedankens ebenfalls nicht hätte Platz greifen können. Im Unterschied zum Ostblock, der im allgemeinen Bewusstsein einen festen Erinnerungsplatz eingenommen hat, sind die Diktaturen des 20. Jahrhunderts in Portugal, Griechenland und Spanien heute nahezu vergessen. Doch erst die Nelkenrevolution und der Sturz des Salazar-Regimes in Portugal, der Zusammenbruch der Militärherrschaft in Griechenland und der Tod Francos in Spanien schafften die Voraussetzungen dafür, dass diese drei Länder Mitglieder der Europäischen Gemeinschaft werden konnten. 1976 hatte Portugal den Übergang zur Demokratie geschafft. In Spanien dauerte die »Transición« vom Franquismus zur parlamentarischen Monarchie bis 1982, inklusive einer Schrecksekunde des vor allem auch durch eine Fernsehansprache von König Juan Carlos vereitelten Putschversuchs von Militär und Franquisten am 23. Februar 1981.

»Ich oder die Panzer«, der Wahlslogan von Konstantinos Karamanlis und seiner Partei Nea Dimokratia (ND), bringt auf den Punkt, worum es bei den Wahlen 1974 in Griechenland gegangen ist. Karamanlis und die Demokratie gewannen, der nach wie vor ungelöste Zypernkonflikt ist allerdings als unheilvolles Erbe der griechischen Militärdiktatur mit Folgen für die EU bis heute geblieben.

Außer Frage steht für mich, dass sowohl bei Griechenland wie auch bei Portugal und Spanien die schnelle Aufnahme in den Europarat, die Assoziierungsabkommen mit der Europäischen Wirtschaftsgemeinschaft und die Aussicht auf eine baldige EWG-Mitgliedschaft den Demokratisierungsprozess massiv unterstützt und beschleunigt haben. So wie in den 1990er-Jahren im Fall der früheren Ostblockstaaten Mittel- und Osteuropas konnte sich die Europäische Gemeinschaft als Katalysator für Demokratie und Rechtsstaatlichkeit für Griechenland, Spanien und Portugal bewähren. Ich erinnere mich, dass es damals viele Zweifel gab, ob dieser Schritt richtig ist. Die Mahner und Skeptiker befürchteten, dass mit diesen unerprobten Demokratien Unsicherheit und Instabilität in die Gemeinschaft getragen würden. Im Falle Zyperns und des ungelösten Grenzkonflikts mit der Türkei ist das auch tatsächlich passiert. Letztlich hat jedoch europäisches Gesamtinteresse die Oberhand behalten.

So ist es gelungen, diese jungen, noch sehr verletzlichen und wackeligen Demokratien durch Einbindung und Teilhabe an den Programmen, durch Unterstützung ihrer staatlichen Institutionen, durch Investitionen und Schaffung von Wohlstand vor der Gefahr einer Rückkehr der Militärs zu retten. In solchen Situationen sollte man sich die Frage sparen, ob die betreffenden Länder die geforderten Standards wohl erfüllen. Steht ein Land an einer solchen Zeitenwende, hat die Staatengemeinschaft die Pflicht zum Beistand. Andernfalls ist eine demokratische Zukunft von vornherein unwahrscheinlich bis unmöglich und erst recht mit den entsprechenden negativen Konsequenzen für die Gemeinschaft verbunden. Dies sollte uns nachdenklich machen, wenn wir an osteuropäische Länder, aber auch den Westbalkan und die äußerst labile Situation dieser Staaten denken. Europa hat dort eine Verantwortung und darf nicht Chinesen, Arabern, Amerikanern und Russen den Vortritt lassen.

ENTSPANNUNG UND TERROR

Die Entspannungspolitik gegenüber den Ostblock-Diktaturen schritt voran. Das Ende der Militärdiktaturen darf als weiterer Eckpfeiler des europäischen Fortschritts bewertet werden. Die 1970er-Jahre zeitigten jedoch, dass Demokratie und Rechtsstaatlichkeit immer wieder neu verteidigt werden müssen. Diese Errungenschaften gerieten immer wieder ins Fadenkreuz von Gruppierungen, die an der politischen Oberfläche zunächst nicht sichtbar sind. So geschehen im Fall des linksextremen Terrors, der an mehreren Punkten in ganz Europa heftig aufloderte. Das Abbiegen einer ideologisch fixierten Gruppe in Richtung Gewalt schockierte auch Europa. Die europäische Dimension dieser Terrorjahre zeigt sich allein schon daran, dass mit Deutschland und Italien zwei Gründerstaaten der Europäischen Gemeinschaft im Gefolge Dutzender Mordanschläge, Entführungen, Geiselnahmen und Sprengstoffattentate in schwere politische Krisen gestürzt wurden.

Der italienische Linksterrorismus gipfelte 1978 in der Entführung und Ermordung des ehemaligen Ministerpräsidenten Aldo Moro durch Mitglieder der Roten Brigaden. Eine Anschlagsserie der terroristischen Vereinigung Rote-Armee-Fraktion (RAF) wiederum prägte den sogenannten »Deutschen Herbst« mit dem entsetzlichen Höhepunkt der Entführung und Ermordung Hanns Martin Schleyers am 18. Oktober 1977. Schleyer war Präsident der Bundesvereinigung der Deutschen Arbeitgeberverbände und des Bundesverbands der Deutschen Industrie. Beinahe hätte ich in Österreich sein Schicksal geteilt.

1979 lauerten mir drei Männer in der Nähe meines Hauses am Pöstlingberg auf. Später erfuhr ich, dass der Chef der Bande, ein Exil-Chilene, seine Mittäter so indoktriniert hatte, dass sie in mir einen die Arbeiterklasse ausbeutenden Kapitalisten sahen, der entführt und nach der Lösegeldzahlung umgebracht werden sollte.

Als sie eine Pistole auf mich richteten, erschien mir diese im ersten Moment irgendwie zu groß. Ich dachte, es handelte sich um eine Spielzeugpistole. Aber mitnichten, tatsächlich schaute ich in die Neun-Millimeter-Mündung eines mit vier Patronen geladenen (so die Auskunft der Kriminalpolizei) Mordwerkzeugs. Außerdem hatten die Männer Sprengstoffgürtel umgeschnallt. Als ich Äther roch, wusste ich, dass ich so schnell wie möglich flüchten musste. Allerdings bekam ich mit der Waffe einen fürchterlichen Schlag auf den Kopf. Geistesgegenwärtig ging ich in die Knie und warf mich im nächsten Moment mit einer Rolle rückwärts, in der Art des legendären Fosbury-Flops beim Hochsprung, über einen Zaun und rollte einen steilen Abhang hinunter. Sechs Meter tiefer blieb ich liegen. Schwer verletzt, aber am Leben und frei statt entführt. Die Täter rannten davon, erst zwei Jahre später konnten sie ausgeforscht und festgenommen werden. Nach wie vor trage ich eine Fotokopie des Kriminalpolizeiberichts in meiner Ausweistasche. Darauf das Bild eines Schotterhaufens in einer unterirdischen Höhle einer einsamen Au bei St. Valentin. Eine Stelle ist mit einem Kreuz markiert, darunter der Text der Kriminalisten dazu: »Hier sollte die Leiche Dr. Leitls begraben werden.« In Momenten, in denen es bei mir nicht so rund läuft, schaue ich mir dieses Bild an, dann werde ich schnell wieder demütig, heiter und gelassen.

Die Angreifer hatten die Entführungen der RAF und Roten Brigaden vor Augen. Man hat sich akribisch auf die Entführung vorbereitet und mich ein halbes Jahr vor dem Angriff beobachtet und ausspioniert. Nach dem Scheitern dieses ursprünglichen Vorhabens wollte der Bandenchef auf die Entführung meiner damals fünfjährigen Tochter Barbara aus dem Kindergarten umschwenken. Aber ein Bandenmitglied stellte sich gegen diesen Plan, widersprach seinem Kapo und sagte, bei einer Kindesentführung mache er nicht mit. Ich habe diesen Mann nach seiner Verurteilung im Gefängnis besucht und ihm gesagt: »Ich danke dem Herrgott, dass ich Ihnen entkommen bin, aber ich danke Ihnen, dass mein Kind verschont worden ist.« Dann stellte ich ihm als Dank dafür in Aussicht, ihn bei guter Führung nach seiner Entlassung bei der Jobsuche zu unterstützen. Dem war dann auch so, der Mann nützte die Chance, die ich ihm bot. Es war nicht leicht, nach sechs, sieben Jahren im Gefängnis für ihn einen Job zu finden, aber schließlich ist es gelungen. Der Kontakt ist nach wie vor aufrecht und seine Wiedereingliederung in die Gesellschaft gelungen. Jedes Jahr zu Weihnachten schreibt er mir eine Karte. Er hat seine zweite Chance genützt.

Nach dem »Deutschen Herbst«, der mit dem Selbstmord der Terroristen nach der gescheiterten Entführung eines Passagierflugzeuges der Lufthansa nach Mogadischu endete, wendeten sich viele frühere Sympathisanten des Linksterrors dezidiert von Gewalt zur Durchsetzung politischer Inhalte ab. Stattdessen wurde der »Marsch durch die Institutionen« und die Durchsetzung linker Ideale auf demokratischem Wege als Devise ausgerufen. Der einstige RAF-Strafverteidiger und spätere deutsche Innenminister Otto Schily ist für mich ein gutes Beispiel für diese Wende hin zu einem verantwortungsvollen Politiker. Diese und andere Beispiele bestätigen auch ein politisches Prinzip, auf das ich setze: Binde sie ein, und sie werden pragmatisch.

KAPITEL 4

1980 BIS 1989:
DER WIND DER REVOLUTION

Das Jahrzehnt begann in Polen mit einem, wie sich neun Jahre später herausstellen sollte, europapolitischen Paukenschlag: Im Sommer 1980 formierte sich im Gefolge einer landesweiten Streikwelle die Gewerkschaft Solidarność. Anlass dieser Streiks waren zunächst Preiserhöhungen für Fleisch, konkreter Auslöser für die Gründung der »Unabhängigen Selbstverwalteten Gewerkschaft ›Solidarität‹« war aber die Entlassung einer Kranführerin und Symbolfigur der Streikbewegung von 1970 an der Ostseeküste. Zum Mann der Stunde und zur Symbolfigur der Solidarność-Bewegung in der Danziger Leninwerft mit Strahlkraft weit über die Grenzen Polens hinaus entwickelte sich ab dem Sommer 1980 der Elektriker Lech Wałęsa. Unvergesslich für mich das Bild, als Wałęsa am 31. August 1980 die Vereinbarung unterschrieb, in der sich die Regierung verpflichtete, eine Gewerkschaft unter dem Namen Solidarność zuzulassen.

Wałęsa unterzeichnete mit einem großen roten Kugelschreiber, in den das Bild von Papst Johannes Paul II. eingearbeitet war. Dieses Foto ging um die Welt und machte auf einen Blick klar, wie sehr dieses charismatische Zweigespann das polnische Regime herausfordern würde. Dadurch geriet der Kommunismus in Osteuropa in die Zange des Widerstands im Inneren und der Ablehnung im Äußeren.

EIN PAPST UND EIN ELEKTRIKER ERZEUGEN EIN NEUES POLITISCHES KLIMA

Die Beispiele des Papstes aus Wadowice bei Krakau und des Elektrikers aus Danzig oder, um auch in ein anderes Ostblockland zu schauen, des Dichters Václav Havel in Prag beweisen, wie entscheidend Einzelpersonen sind, die dem Rad der Geschichte in die Speichen greifen. Die Rolle der Genannten und vieler anderer als Katalysatoren für den Zusammenbruch des Ostblocks verdient besondere Beachtung. In der Chemie gibt es den Begriff des Katalysators. Das ist ein Stoff, der die Geschwindigkeit einer chemischen Reaktion erhöht. Die gibt es offensichtlich auch in der Geschichte.

Die Wirkungsmacht des Papstes blieb auch den staatstragenden Kommunisten in Polen nicht verborgen. Ein Spitzenfunktionär der Polnischen Vereinigten Arbeiterpartei, der zentralen Partei im kommunistischen Polen, kommentierte die Wahl des Krakauer Bischofs Karol Wojtyła zum Papst am 16. Oktober 1978 sehr weitsichtig: »Ein großes Ereignis für die polnische Nation – und große Schwierigkeiten für uns!« Der erste »slawische Papst« und gleichzeitig jüngste Papst im 20. Jahrhundert hatte ausreichend Energie und Charisma sowie viele eigene Erfahrungen im Umgang mit dem Kommunismus, dass er die Überwindung dieser Teilung Europas zu einer der Hauptaufgaben seines langen Pontifikats machen und erfolgreich abschließen konnte.

Aber so schnell gab das kommunistische Establishment in Polen seinen Herrschaftsanspruch nicht auf. In der Nacht vom 12. auf den 13. Dezember 1981 verhängte die polnische Regierung das Kriegsrecht. Die Volksarmee und weitere Sicherheitsorgane übernahmen die Kontrolle. Tausende Oppositionelle wurden verhaftet, die Solidarność wurde wieder verboten und ihre Führung, allen voran Lech Wałesa, eingesperrt.

General Wojciech Jaruzelski, erst Außenminister, dann seit Anfang 1981 Ministerpräsident Polens mit der auffällig großen und mit fortschreitendem Alter immer dunkler getönten Brille, wurde in dieser Zeit zum Gesicht der Reaktion. Nach dem Zusammenbruch des Ostblocks rechtfertigte Jaruzelski seine Verhängung des Kriegsrechts, damit den angeblich unmittelbar drohenden Einmarsch der Sowjetarmee wie 1953 in die DDR, 1956 in Ungarn oder 1968 in die Tschechoslowakei verhindert zu haben.

Definitiv nicht verhindern konnte oder wollte das Regime den »spirituellen Einmarsch« des polnischen Papstes in Polen. Vom 2. bis 10. Juni 1979 besuchte Johannes Paul II. seine Heimat. Die Pastoralreise glich einem Triumphzug, zehn Millionen Menschen, ein Viertel der gesamten Bevölkerung, sollen damals »ihren« Papst empfangen haben. Ein deutlicheres Zeichen für den »Wind of Change« im Ostflügel Europas konnte es nicht geben.

EIN NEUER »NEBENJOB«

Mitte der 1980er-Jahre begann auch in meinem politischen Leben der »Wind of Change« kräftig zu blasen. Der oberösterreichische Landeshauptmann Josef Ratzenböck fragte mich, ob ich nicht bei der Landtagswahl 1985 auf der Liste der Volkspartei kandidieren möchte. Als ich unter Hinweis auf zeitliche Probleme zögerte, meinte er, dass ich das Amt des Landtagsabgeordneten quasi als Nebenjob einen Tag die Woche ausüben könnte. Ich glaubte das zwar nicht, sagte aber dennoch zu.

Bei den Landtagswahlen 1985 konnte die oberösterreichische ÖVP schließlich noch um ein Mandat auf 30 Abgeordnete zulegen, und ich war die Nr. 30. Vom ersten Tag an machte mir die politische Arbeit sehr viel Spaß. Sie erweiterte meinen Horizont. Als Unternehmer ist man, wie auch in anderen Berufen, meistens unter seinesgleichen.

Kommen beispielsweise wir Ziegler zusammen, redet man auf Geschäftsführerebene naturgemäß und naheliegend über die aktuellen Herausforderungen und Probleme in unserem Metier. Fachlich wie menschlich bleibt man da in einem engen, abgesteckten Bereich. In der Politik jedoch habe ich von einem Tag auf den anderen bei einer Bauernversammlung im Mühlviertel genauso reden und überzeugen und lernen müssen wie bei einer Versammlung von Wissenschaftlern beim Europäischen Forum Alpbach. Diese Bandbreite und Vielfalt an Anforderungen hat mich schon von meinem Studium der Sozialwirtschaft her fasziniert. Schon damals haben mich der Blick über den Tellerrand, der ganzheitliche, gesamtgesellschaftliche Zugang und das Denken in Zusammenhängen interessiert und begeistert.

Der große Horizont war letztlich der Grund dafür, dass ich der ÖVP beigetreten bin. Von meinem Elternhaus her war ich, was die parteipolitische Ausrichtung anbelangt, völlig unbeeinflusst. In der Europäischen Jugend waren wir, wie bereits erwähnt, parteipolitisch unabhängig. Dass die Volkspartei meine politische Heimat wurde, liegt an der damals im Unterschied zu den anderen österreichischen Parteien einzigartigen Bandbreite und gesamtgesellschaftlichen Vernetzung dieser Partei. In der ÖVP waren damals Unternehmer genauso wie Arbeiter und Angestellte sowie Bauern und öffentlich Bedienstete vertreten.

Zum Gründungsgen der christlich-sozialen Volkspartei gehörte neben einer soliden Wirtschaftspolitik immer schon die sozialpolitische Ausrichtung. Mein Vater war mit Karl Kummer befreundet, dem ÖVP-Nationalrat, Arbeitsrechtler und Sozialreformer, der als Generalsekretär des ÖAAB und gleichzeitiger arbeitsrechtlicher Referent der Arbeiterkammer sowie Gewerkschafter bahnbrechend für die theoretische und praktische Entwicklung der Sozialpartnerschaft war. Dass er sich als deren Vordenker, Wegbereiter und Initiator in seinem politischen Zuhause ÖVP nicht immer nur Freunde machte, gehört zu dieser Biografie eines Vermittlers und Brückenbauers zwischen den Arbeitswelten dazu. Mit einer gehörigen Portion Selbstironie merkte Kummer in einer seiner Lebenserinnerungen an, dass ihn seine Parteifreunde manchmal schlicht einen »schwarzen Bolschewiken« nannten.

DIE VERTEIDIGUNG DER MITTE

Sehr früh ist in der ÖVP auch das Thema Ökologie relevant geworden. Ich denke an Josef Riegler, der mit dem Konzept der ökosozialen Marktwirtschaft meiner Meinung nach die heute auch in Europa gültige Zusammenschau von Ökologie und Ökonomie unter Einbeziehung der sozialen Dimension geschaffen hat.

Auch Josef Taus und Alois Mock waren Politiker, die vieles im gesellschaftspolitischen Zusammenhang gesehen haben. Vor allem aber standen sie für eine europäische Dimension.

Auch Erhard Busek und Wolfgang Schüssel haben es verstanden, ihr weltoffenes und liberales Denken mit einem soliden Wertefundament zu verbinden und damit Beiträge für das Projekt Europa zu leisten.

Ihre Haltungen, ihre Werte und ihr politisches Handeln gehören in eine andere Zeit, könnte man aus heutiger Sicht sagen. Aber all das, wofür sie standen, ist heute wieder sehr aktuell. Und die ÖVP hat da durchaus einigen Verbesserungsbedarf. Das gilt vor allem für mein Herzensthema, die Europapolitik. Sind wir noch die Verfechter des europäischen Einigungsprojekts? Welche Initiativen setzen wir dazu? Mit welchen Ideen können wir Verbündete gewinnen? Eine aktive, engagierte Europapolitik wäre gefragt, nicht nur, aber besonders von der ÖVP! Die großen Herausforderungen in den Bereichen Arbeit und Wirtschaft, Sicherheit und Migration müssen wir auch und vor allem auf europäischer Ebene lösen. Dazu brauchen wir Partner, die wir mit Vorschlägen, nicht aber mit Vetos gewinnen können.

In ganz Europa ist eine Tendenz zu den Rändern, einerseits nach links, vor allem aber nach rechts, erkennbar. Diese Ränder gewinnen an Einfluss, und die Mitte gerät in den Zangengriff von Populisten. Italien hat es vorgezeigt: Die Democrazia Cristiana (DC), die Christdemokratie Italiens, war die wichtigste politische Partei Nachkriegs-Italiens und stellte jahrzehntelang als gemäßigte katholische Volkspartei der Mitte fast alle Ministerpräsidenten. Bis sich Anfang der 1990er-Jahre führende Mitglieder dieser einst staatstragenden Partei in immer mehr Korruptionsfälle verwickelten. 1993 war es dann endgültig vorbei mit dieser großen italienischen Traditionspartei der Mitte.

Wenn der vorherrschende Trend im heutigen Europa voranschreitet, dass die Mitte-rechts-Parteien nach rechts und die Mitte-links-Parteien nach links driften, steuern wir zwangsläufig auf eine Polarisierung der Gesellschaft und eine massive Schwächung des Zentrums zu. Wollen wir das? Ich will es nicht. Ich glaube, dass die Mitte eine große gesellschaftliche Verantwortung trägt. Die Mitte darf sich dieser Aufgabe des Ausgleichs nicht entziehen, sondern hat diese in politischer, in wirtschaftlicher, in sozialer und ökologischer Hinsicht wahrzunehmen. Da gilt es nicht, einfache und damit eingängliche Losungen auszusenden, sondern vielmehr einen klaren, ehrlichen und offenen Zukunftskurs mit den Tugenden von Fleiß, Solidität und Seriosität zu kommunizieren und konsequent zu verfolgen. Bestes Beispiel ist eine gelebte Sozialpartnerschaft. Oder denken wir an die unersetzlich wichtige aktive Mitwirkung der Bürgergesellschaft, der Zivilgesellschaft. Das ist mit ein Grund, dass ich die Präsidentschaft der Europäischen Bewegung Österreichs (EBÖ) angenommen habe. Weil es eine wichtige, eine bereichernde Aufgabe ist, die Stimme der zivilgesellschaftlichen Organisationen ins europäische Konzert einzubringen und die österreichische Regierung ebenfalls in diese Richtung zu motivieren.

TRUMP VERSUS EU

Am 1. Jänner 1986 traten Spanien und Portugal als Mitgliedstaaten Nummer elf und zwölf der EWG bei, Griechenland war als zehntes Land bereits 1981 beigetreten. Auf die enorm stabilisierende Rolle des gemeinsamen Europas während dieses Transformationsprozesses von autokratisch dirigierten zu demokratisch regierten Ländern habe ich bereits hingewiesen.

Im Februar 1986 setzte die EWG erste entscheidende Schritte in Richtung eines gemeinsamen Binnenmarkts. Zölle zwischen den Mitgliedstaaten waren zwar bereits im Jahr 1968 abgeschafft worden, vor allem aufgrund der unterschiedlichen nationalen Rechtsvorschriften verlief der Handel zwischen den Mitgliedstaaten aber nach wie vor alles andere als reibungslos.

Mit der sogenannten Einheitlichen Europäischen Akte, die am 1. Juli 1987 in Kraft trat, sollte sich das handelstechnische Miteinander verbessern. Ein Sechs-Jahres-Programm wurde gestartet, das die nationalen Unterschiede sukzessive abbaute und den gemeinsamen Binnenmarkt wachsen ließ, den ich für das ökonomische Rückgrat Europas halte. Warum das so wichtig ist, ist schnell erklärt: Wo werde ich eher investieren? In einen Markt mit neun Millionen möglichen Konsumenten wie Österreich oder in einen Markt mit 450 Millionen potenziellen Konsumenten? Keine Frage, der gemeinsame Binnenmarkt ist für die Wirtschaft innerhalb der EU, genauso wie für andere Wirtschaftsräume, die ja immer auch Export- und Importmärkte sind, ein wettbewerbsfähig aufgestellter Marktplatz. Dieses Rückgrat macht dann auch die internationale Stärke Europas aus.

Mit dieser Stärke im Rücken reiste Jean-Claude Juncker im Sommer 2018 – damals war er EU-Kommissionspräsident – nach Washington zum Besuch beim damaligen US-Präsidenten Donald Trump. »Der Trump-Zähmer« wurde Juncker nach diesem Treffen in der internationalen Presse genannt. Beschlossen wurde »eine neue Phase der engen Freundschaft, der starken Handelsbeziehungen, in der beide von uns gewinnen werden«. Diesem Handels-Happy-End vorausgegangen waren protektionistische US-Maßnahmen und schlimmste Befürchtungen, der exzentrische Amerikaner werde massive Zollkriege mit Europa vom Zaun brechen. Gewonnen hat schließlich aber auch bei Trump die wirtschaftliche Vernunft und die Macht des europäischen Binnenmarkt-Faktischen, mit dem Juncker dem US-Präsidenten die Stirn bieten konnte: Der EU-Kommissionspräsident hatte einen Markt mit 450 Millionen Menschen hinter sich versammelt, die Vereinigten Staaten kommen auf rund 330 Millionen. Diese simple Gegenüberstellung leuchtete selbst einem Machtmenschen wie Trump ein.

JUNCKER + LEITL = ERASMUS+

Am 13. Juni 1987, nur wenige Tage vor dem Inkrafttreten der Einheitlichen Europäischen Akte als Turbo für den Europäischen Binnenmarkt, wurde ein zweiter Meilenstein des gemeinsamen Europas gesetzt und das Erasmus-Programm ins Leben gerufen: Benannt nach dem legendären niederländischen Universalgelehrten und Renaissance-Humanisten fördert dieses Programm Hochschülerinnen und Hochschüler, die in einem anderen europäischen Land als dem ihren studieren möchten. Seit seinem Start haben über die Erasmus-Schiene bereits mehr als zehn Millionen junge Europäerinnen und Europäer entweder im Ausland studiert, Ausbildungen absolviert, Freiwilligenarbeit geleistet oder internationale Berufserfahrung gesammelt.

Da es gleichermaßen den gerade als Trump-Zähmer gefeierten EU-Kommissionspräsidenten Jean-Claude Juncker wie auch Erasmus betrifft, greife ich an dieser Stelle der europäischen Zeitleiste um rund zwanzig Jahre vor und berichte von einem ganz konkreten Erfolg, den wir in meiner Zeit als Präsident der Europäischen Wirtschaftskammer Eurochambres mit Junckers Unterstützung auf Schiene bringen und erfolgreich in den EU-Gesetzgebungsprozess einbringen konnten.

Es war die Zeit, als die Finanzplanung der Europäischen Union für die Budgetperiode 2021 bis 2027 auf der Tagesordnung stand. Ich saß mit Jean-Claude Juncker zum Gedankenaustausch bei einem Vieraugengespräch in seinem Brüsseler Büro zusammen. Ich wusste, dass ich in Juncker einen Mitstreiter für die Europäische Jugend als die Zukunft Europas habe. Deshalb sagte ich ihm, ich fände es wichtig, die Mittel für Erasmus zu verdoppeln und das Programm über die studentische Ebene hinaus auch auf die Berufsbereiche, also Lehrlinge und junge Unternehmer, auszuweiten. Juncker leuchtete die Wichtigkeit dieser Idee sofort ein, und er stimmte mir zu. Also bat ich ihn, in der Kommission die Weichen für diese Reform bzw. Ausweitung von Erasmus zu stellen. Juncker hielt Wort, setzte diesen bildungspolitischen Nagel an, der in weiterer Folge im gesetzgeberischen Zusammenspiel von Kommission, Parlament und Rat erfolgreich eingeschlagen wurde.

Heute ist Erasmus+ Realität. Es verfügt über ein Budget von ungefähr 26 Milliarden Euro, also fast doppelt so viel wie das Vorläuferprogramm (2014–2020).

Ein schöner Erfolg. Aber wie misst man den Erfolg politischer Arbeit? Im Wirtschaftsleben fällt das Messen von Erfolgen oder Misserfolgen leichter, da gibt es Zahlen oder Bilanzen, die ein recht eindeutiges Bild zeichnen. In der Politik ist das schwieriger. Meine Mutter hat mich in ihrer glasklaren Art immer wieder mit der Nase auf dieses Thema gestoßen, indem sie mich fragte: »Ich habe dir zugehört, das klingt doch vernünftig und wichtig, warum wird das dann doch nicht so gemacht?« Das Politikhandwerk ist eben anders und genau so, wie es der deutsche Soziologe und Nationalökonom Max Weber beschrieben hat: »… ein starkes langsames Bohren von harten Brettern mit Leidenschaft und Augenmaß zugleich.«

Lange Zeit dachte ich, meine Zeit in der oberösterreichischen Landespolitik war die fruchtbarste, was konkrete Ergebnisse und die Vorzeigbarkeit von Erfolgen betrifft. Wenn wir uns zum Beispiel ein Gründer- und Innovationszentrum vornahmen oder eine Fachhochschule, war das jeweils kurze Zeit später auf die Beine gestellt. Die Landesbudgets wiesen Überschüsse statt Defizite aus. Damit war es möglich, in Bildung und Forschung zu investieren. Auf Bundesebene war das schon schwieriger, aber viele

Sozialpartner-Abkommen und Europa-Initiativen konnten umgesetzt werden. Die Abfertigung neu oder auch die Senkung der Körperschaftssteuer von 34 auf 25 Prozent waren mir ein großes Anliegen. Wir konnten das verwirklichen, und das hat dem Wirtschaftsstandort Österreich ungeheuer weitergeholfen. Auf der europäischen Ebene ist es natürlich noch schwieriger, dass man von einer politischen Initiative sagen kann: Da warst du wirklich persönlich ein Auslöser dafür. Deswegen freut mich meine Initialzündung für den Bildungsmeilenstein Erasmus+ umso mehr. Der Dank dafür gilt vor allem Jean-Claude Juncker, denn ohne ihn wäre daraus nichts geworden.

JUNGE INDUSTRIE ALS STARTRAMPE FÜR ÖSTERREICHS EU-BEITRITT

1986 war ich Vorsitzender der Jungen Industrie Österreichs. Wir veranstalteten einen Bundestag in Oberösterreich. Passend zu dem in diesem Jahr an Fahrt gewinnenden Europäischen Binnenmarkt stellten wir das Treffen unter das Motto »Unser Heimmarkt ist Europa«. Auf der Gästeliste waren der frühere Premierminister von Luxemburg und EWG-Kommissionspräsident Gaston Thorn, Bundespräsident Kurt Waldheim, und natürlich kam unser damaliger Präsident der Industriellenvereinigung (IV), Christian Beurle. Vor dem Beginn der Veranstaltung habe ich ihn angesprochen und bei der Gelegenheit gleich eine Forderung formuliert: »Christian, ich möchte heute den Vollbeitritt Österreichs zur Europäischen Wirtschaftsgemeinschaft fordern. Das möchte ich aber nicht, ohne dich als Präsident der Industriellenvereinigung vorweg zu informieren, und ersuche um deine Zustimmung.« Daraufhin, ich sehe die Szene heute noch vor mir, legte er den Zeigefinger seiner rechten Hand an die Wange, neigte den Kopf etwas zur Seite, dachte kurz nach und sagte anschließend nur ein Wort: »Mach's!« Großartig, diese Reaktion! Ich werde das Christian Beurle nie vergessen.

Gesagt, getan, und es erfüllt mich heute noch mit Stolz und Freude, dass ich, aus der Europäischen Jugend kommend, mit meinem Team der Jungen Industrie Startrampe für Österreichs Aufnahmeprozess in die Europäische Union sein durfte.

Mit meiner Forderung bei dieser Tagung war es natürlich nicht getan. Die nächste Etappe war, die IV-internen Widerstände durch Überzeugungsarbeit zu zerstreuen. Einige Mitglieder waren zwar im Grunde für einen Beitritt zur Europäischen Wirtschaftsgemeinschaft, wollten jedoch noch zuwarten und avisierten ein Beitrittsansuchen für die Mitte der 1990er-Jahre.

Mir war das viel zu spät. Ich drängte auf eine Beschleunigung des Prozesses. Michail Gorbatschow war seit März 1985 Generalsekretär des Zentralkomitees der Kommunistischen Partei der Sowjetunion. Ich hatte das russische »Njet«, mit dem Bundeskanzler Raabs Europa-Ambitionen zerschlagen wurden, noch in Erinnerung. Ich hatte den Rat von Bundeskanzler Kreisky bei unserem Besuch im Kanzleramt noch im Ohr, im Zuge einer Entspannungspolitik mit Moskau unseren Europa-Traum wahr werden zu lassen. Deshalb drückte ich bei meinen Freunden in der Industrie aufs Tempo und argumentierte mit dem Zeitfenster, das sich seit dem Antritt des Reformers Gorbatschow aufgetan hatte: »Das müssen wir nützen, jetzt müssen wir schnell sein, wer weiß, wie lange es diese Gelegenheit gibt!« Eine IV-interne Abstimmung pro oder contra Beitritt zur EWG im Juni 1987 sollte Klarheit bringen, in welche Richtung die Industriellenvereinigung marschiert. Wir leisteten im Vorfeld viel Überzeugungsarbeit, und diese war von Erfolg gekrönt: Mit 80 zu 20 Stimmen für einen EU-Beitritt Österreichs setzte der Vorstand der Industrie in dieser Abstimmung ein mehr als eindeutiges Zeichen, wohin Österreichs Reise gehen soll: ins gemeinsame Europa.

EINE AUSTRO-TROIKA FÜR DIE EU

Um diesen Europageist möglichst weit zu verbreiten, suchte ich nach Verbündeten. Ich fand sie in zwei Freunden, die vierzig Jahre später auf der EU-Karriereleiter ganz oben stehen: Othmar Karas, damals Vorsitzender der Jungen ÖVP, heute Erster Vizepräsident des Europäischen Parlaments. Und Johannes Hahn, damals stellvertretender Vorsitzender der Jungen ÖVP, heute Kommissar für Budget und Verwaltung in der Europäischen Kommission.

Gemeinsam begannen wir innerhalb der ÖVP und ihrer Bünde sowie in der Wirtschaftskammer Initiativen für einen Meinungsumschwung Richtung EU-Beitritt zu setzen. Viele in der Partei betrachteten unsere Überzeugungsarbeit pro Europa als völlig absurd. Ich weiß zum Beispiel, dass der Präsident der Wirtschaftskammer in Oberösterreich, Rudolf Trauner senior, in unserer ÖVP-internen EU-Sturm-und-Drang-Zeit seinen damaligen Sekretär, den späteren ÖVP-Vizekanzler Mitterlehner, zu sich rief und zu ihm sagte:

»Was macht denn der Leitl in Wien schon wieder für einen Wirbel um einen EG-Beitritt! Das ist ja völlig unmöglich!« Mitterlehner antwortete ihm, ganz so unmöglich sehe er das nicht. »Ach so«, sagte Trauner, »dann muss ich mir das doch einmal näher anschauen.«

Rudolf Sallinger, Präsident der Wirtschaftskammer und graue Eminenz der ÖVP, war am Anfang auch alles andere als erfreut über unser parteiinternes Vorpreschen. Die Parteiführung fürchtete, dass bei einem zu forschen Eintreten für den EG-Beitritt ein Flügel in der Partei wegbrechen könnte. Immer wieder gab es Stimmen in der ÖVP, die forderten: »Pfeifts den Leitl zurück!« Da war der Zug Richtung Beitritt aber schon aus dem Bahnhof draußen.

Als Abgeordneter im oberösterreichischen Landtag initiierte ich 1988 eine Resolution für den Beitritt Österreichs zur Europäischen Wirtschaftsgemeinschaft. Diesem Antrag stimmten die ÖVP und die damals noch europafreundliche FPÖ zu. Abgelehnt wurde die Resolution von der damals noch europakritischen SPÖ. Oberösterreichs Landeshauptmann Josef Ratzenböck, mein politischer Ziehvater, konnte daraufhin mit dieser Resolution im Argumentationsgepäck den Vorarlberger Landeshauptmann und ebenfalls engagierten Europäer Martin Purtscher als Verbündeten für einen raschen Beitritt Österreichs gewinnen. Die beiden gemeinsam überzeugten anschließend den Wiener Bürgermeister Helmut Zilk von dieser Sinnhaftigkeit. Mit diesen drei schwarzen und roten Parteigranden hatten wir die Bundesländer auf unserer Seite. Die Wirtschaftskammer war schon davor ins Pro-EU-Lager gewechselt. Und als Bundeskanzler Franz Vranitzky die SPÖ von einer 180-Grad-Wende in dieser Frage überzeugt hatte, stiegen auch Arbeiterkammer und Gewerkschaft ins Europa-Boot. Wer bis zur Volksabstimmung über den EU-Beitritt 1994 keine sehr rühmliche Rolle spielte, war die Landwirtschaftskammer, die so wie die Grünen bis kurz vor der Abstimmung dagegen mobilisierten. Heute sind beide europäisch orientiert. Der langjährige grüne Europaabgeordnete Johannes Voggenhuber ist durch seine Tätigkeit im Europaparlament vom Saulus zum Paulus beim Thema EU geworden. Nur die FPÖ blieb in der Contra-Position, aber das ist eine andere Geschichte.

DER BRIEF NACH BRÜSSEL

Als die SPÖ unter ihrem Vorsitzenden Franz Vranitzky ins proeuropäische Lager wechselte, verordnete der bis dahin EU-euphorische FPÖ-Chef Jörg Haider seiner Partei den Schwenk in die umgekehrte Richtung. Die dahinterstehende wahltaktische Rechnung Haiders war simpel: Ungefähr ein Drittel des Wahlvolks ist dagegen, die Stimmen dieses Drittel wollte er sich holen. Davor waren Haider und die Freiheitlichen vehemente Befürworter eines österreichischen EU-Beitritts. Als FPÖ-Klubobmann im Nationalrat sagte er noch sinngemäß, wer gegen einen Beitritt Österreich zur Europäischen Union sei, wäre schuld daran, wenn Österreich zur Bananenrepublik verkomme.

Mit dem berühmten »Brief nach Brüssel« von Außenminister Alois Mock am 17. Juli 1989 und dem darin formulierten EU-Beitrittsansuchen Österreichs waren meine Mitstreitenden und ich, angefangen vom Europaclub Linz, tatsächlich am von uns seit einem Vierteljahrhundert beharrlich verfolgten Ziel angekommen. »Herr Präsident! Im Namen der Republik Österreich habe ich die Ehre«, heißt es in dem Brief von Außenminister Alois Mock an den Vorsitzenden des Außenministerrates der Europäischen Gemeinschaften, Roland Dumas, »unter Bezugnahme auf Artikel 237 des Vertrags zur Gründung der Europäischen Wirtschaftsgemeinschaft den Antrag auf Mitgliedschaft Österreichs in der Europäischen Wirtschaftsgemeinschaft zu stellen.« Im weiteren Text erläutert das offizielle Österreich, dass es »auch als Mitglied der Europäischen Gemeinschaften aufgrund des Beitrittsvertrages in der Lage sein wird, die ihm aus seinem Status als immerwährend neutraler Staat erfließenden rechtlichen Verpflichtungen zu erfüllen und seine Neutralitätspolitik als spezifischen Beitrag zur Aufrechterhaltung von Frieden und Sicherheit in Europa fortzusetzen«. Und das eigentlich recht kurze Schreiben, wenn man bedenkt, welche Folgen der Brief zeitigen wird, endete mit: »Genehmigen Sie, Herr Präsident, den Ausdruck meiner vorzüglichen Hochachtung.« Am 28. Juli 1989 stimmte der Rat der EG in einem offiziellen Beschluss einem Beitrittsverfahren mit der Republik Österreich zu.

Unsere Freude über das EU-Beitrittsansuchen Österreichs war natürlich riesig. In diesem Moment erlebten wir, dass wir als kleine Nichtregierungsorganisation mit Kreativität und konstruktiven Ideen einen Beitrag leisten konnten. Natürlich haben wir zwischendurch immer wieder einmal den Mut verloren, weil alles so schleppend voranging. Wir redeten und redeten, wir machten Vorschläge und Konzepte, aber es ging und ging nichts weiter. Und dann kommt plötzlich Schwung in die Sache, und man bekommt eine Chance wie bei der erwähnten Bundestagung der Jungen Industrie. Wir hatten die Gelegenheit, einen Schneeball zu werfen, der eine Lawine auslöst. Politik ist Bewusstseinsarbeit. Die dauert oft lange, die ist oft mühsam, aber eine gute Saat ergibt irgendwann – zu einem nicht definierbaren späteren Zeitpunkt – eine reiche Ernte. So verlief auch die österreichisch-europäische Erfolgsgeschichte.

... UND FALL DER BERLINER MAUER

Der Herbst 1989 hatte eine weltpolitische Dimension, die mit wenigen anderen Ereignissen vergleichbar ist. Was 1980 mit der Gründung der Gewerkschaft Solidarność in Polen begann, nahm mit dem 9. November 1989 mit dem Fall der Berliner Mauer eine glückliche Wende. Wie viele andere Menschen Österreichs, Europas und an vielen anderen Orten der Welt saß ich vor dem Fernseher und fühlte mich mittendrin unter den Mauerstürmern, unter jenen, die raufgeklettert sind und vor Freude getanzt haben, mittendrin im Freudentaumel aller, die die »Schandmauer« (so hatte Willy Brandt sie genannt) physisch oder auch nur im Geiste überwunden haben. 28 Jahre Mauer, Stacheldraht und Todeszone waren nun in einer Nacht vorbei.

Zuvor in diesem Jahr 1989, anlässlich des 40-jährigen Jubiläums der DDR, versammelten sich viele DDR-Bürger in Kirchen und skandierten: »Wir sind das Volk!« Als Gorbatschow zu den Jubiläumsfeiern eintraf, wurde er mit »Gorbi, Gorbi, hilf uns!«-Rufen empfangen. Das bestärkte ihn darin, nach dem obligaten Bruderkuss mit DDR-Staatschef Erich Honecker wie gefordert zu helfen. »Wer zu spät kommt, den bestraft das Leben«, soll er gesagt haben, Tatsache ist, Honecker ist zu spät gekommen, weil Gorbatschow rechtzeitig gekommen ist. Und so war das Ende der Deutschen Demokratischen Republik und die anschließende Wiedervereinigung Deutschlands ein schöner Traum, dessen Verwirklichung wir die längste Zeit für unmöglich gehalten hatten. Nun, so dachten wir, konnte es nur aufwärts gehen.

KAPITEL 5

1990 BIS 1999: »GENUTZTE UND VERGEBENE CHANCEN«

Erinnere ich mich zurück an den Anfang der 1990er-Jahre, sehe ich eine faszinierende Zeit, die vor allem auch für heute wieder Mut machen kann und soll. Damals, genauso wie heute, waren Brückenbauer gefragt. Besonders Erhard Busek ist mir als einer dieser »Pontifices« in Erinnerung geblieben, der bereits in der Zeit der Trennung Europas in Ost und West Kontakte über den Eisernen Vorhang hinweg geknüpft hatte und diese in der Zeit nach dem Mauerfall zu tragfähigen Netzwerken ausbaute.

So wie Busek im politisch-wissenschaftlichen Bereich eine wichtige Brückenbauer-Rolle erfüllte, so war dies im religiös-spirituellen Bereich die kirchliche Stiftung Pro Oriente. Auf Wunsch des von mir immer besonders verehrten Kardinals Franz König war ich in diesen Dialogprozess zwischen den Kirchen des Ostens und des Westens involiert. Denn so wie ich unter der tausendjährigen Trennung zwischen katholischer und orthodoxer Kirche leide, so leide ich auch an der seit über fünfhundert Jahren bestehenden Trennung zwischen Katholiken und Protestanten. Als öffentliches Zeichen gegen diese Trennung konnte ich in meiner Funktion als Landeshauptmann-Stellvertreter von Oberösterreich anlässlich der Ortsbildmesse in Eferding, einer Stadt, in der die Religionskriege besonders hart ausgetragen wurden, einen ersten ökumenischen Sonntagsgottesdienst initiieren. Ein evangelischer Pastor und ein katholischer Priester sind dieser Feier im Eferdinger Dom vorgestanden, und wir konnten so ein Zeichen gegen diese nach wie vor nicht gänzlich überwundene geistliche Teilung Europas setzen.

Politisch fingen die 1990er-Jahre mit einem durch den Mauerfall ausgelösten europäischen Dominoeffekt an. Noch am 29. Dezember 1989 wurde nach der »Samtenen Revolution« in der Tschechoslowakei Václav Havel zum Staatspräsidenten gewählt.

So wie für mich als Kind die Nibelungenbrücke mit ihren Kontrollposten, den Amerikanern auf der einen und den Russen auf der anderen Seite, ein unvergesslicher Eindruck gewesen ist, so wollte ich auch meinen Kindern noch in den Zeiten des Ostblocks einen unvergesslichen Eindruck durch einen Besuch in der benachbarten ČSSR, der Tschechoslowakischen Sozialistischen Republik, vermitteln. Wieder war es die spannungsgeladene Atmosphäre am Grenzübergang Wullowitz, zwischen Freistadt und Budweis, mit den oft demütigenden Kontrollen, den Wachtürmen, dem Stacheldraht, den Maschinengewehren, den Hunden, den Todesstreifen, unter denen sich Minen verbargen.

Ich habe unseren Kindern Barbara und Stefan erklärt, was Kriege sind, was Ideologien anrichten können und dass unsere Antwort immer nur in einem friedlichen Miteinander liegen kann. Eine Antwort, die seit 1949, dem Gründungsjahr des Europarats, eine geschichtliche Wende gebracht hat. Eine Wende, die nach dem Wegfall der Trennung zu einer neuen Gemeinsamkeit geführt hat. Und so heißt es in einem alten Böhmerwälder Volkslied, dem eine neue Strophe hinzugefügt wurde: »Die Grenzen sand verschwunden, wir sand wieder verbunden, wir g'hörn wieder zamm!«

Ein gedeihliches Auseinandergehen kann ein gutes Zusammenleben zeitigen. So geschehen am 1. Jänner 1993. Die Tschechische und Slowakische Föderative Republik (ČSFR) teilte sich in zwei souveräne Staaten, in Tschechien und die Slowakei. Die Unaufgeregtheit, mit der dies vollzogen wurde, ist bis heute beispiellos. Für diesen demokratisch legitimierten Prozess, dessen Ergebnis von beiden Seiten anerkannt und friedlich umgesetzt wurde, gebührt den Tschechen und Slowaken großer Respekt. Wie viel menschliches Leid und wie viele Zerstörungen hätten in der gleichen Zeit am Balkan vermieden werden können, wenn man beim Zerfall Jugoslawiens diesem tschechoslowakischen Beispiel gefolgt wäre.

HISTORISCHE FREUNDSCHAFT ZWISCHEN KOHL UND GORBATSCHOW

Und es ging – Stein für Stein – weiter. Die Regime des kommunistischen Osteuropas fielen quasi im Monatstakt: Im März 1990 fanden in Ungarn die ersten freien Wahlen statt. Die baltischen Staaten Litauen, Lettland und Estland proklamierten im Frühjahr 1990 die Wiederherstellung ihrer Unabhängigkeit. Rumänien wählte im Mai 1990 in einer demokratischen Wahl Präsident und Parlament. In Bulgarien endete die kommunistische Ära nach der freien Wahl am 17. Juni 1990. Im Dezember 1990 wurde der Solidarność-Held Lech Wałęsa in einer Volkswahl zum ersten demokratisch gewählten Staatspräsidenten Polens gewählt und damit die Dritte Polnische Republik begründet.

Bereits zwei Monate vorher ging am 3. Oktober 1990 die deutsche Wiedervereinigung über die europapolitische Bühne. Nach über vierzig Jahren war Deutschland wieder vereint, und es kam zum schnellsten EG-Erweiterungs- bzw. -Beitrittsprozess in der Geschichte: Ohne Verzögerung treten die neuen Bundesländer im Oktober 1990 auch der Europäischen Gemeinschaft bei. Für mich ist das zweifellos die große historische Leistung von Helmut Kohl. Der deutsche Bundeskanzler hat diesen Glücksfall der Geschichte und das Zeitfenster, das sich damit geöffnet hat, früher als die meisten anderen erkannt. Selbst ein Willy Brandt war zögerlich, was die Wiedervereinigung betraf. Kohl gelang es auch, ein Vertrauensverhältnis zu Michail Gorbatschow aufzubauen. Ich wage ohne Übertreibung zu behaupten, dass er letzten Endes diese Einigung im Alleingang bewerkstelligt hat.

Kohl hatte einen politischen Preis zu zahlen. Um die Zustimmung seiner Verbündeten (an erster Stelle Frankreich) zu einem wieder großen Deutschland zu gewinnen, musste Deutschland der Einführung einer gemeinsamen Währung, dem Euro, zustimmen. Die Franzosen beäugten ein wiedererstarktes, wiedervereinigtes Deutschland vor allem aus wirtschaftspolitischen Gründen mit Skepsis. Denn der französische Franc schwächelte, während die Deutsche Mark Stärke zeigte. Den Ausgleich sollte eine europäische Währung bieten. Ebenjener Euro, den wir in der Europäischen Jugend schon 1968 gedacht und gewünscht hatten. Diese europäische Währung wurde im Vorfeld und als Bedingung für die Wiedervereinigung Deutschlands paktiert. Damit wurde Deutschland währungspolitisch in Europa eingehegt, und die Franzosen beruhigt. Die USA und Großbritannien wurden mit der Aufnahme der ehemaligen DDR in die NATO zufriedengestellt. Ob das Versprechen an Russland, keine weitere Erweiterung der NATO Richtung Osten vorzunehmen, so stattgefunden hat, ist umstritten und schlussendlich durch Historiker zu klären.

Die zentrale Figur, die diesen europäischen Dominoeffekt über Deutschland hinaus mehr als alle anderen möglich machte, ist für mich eine der hellsten Lichtgestalten des 20. Jahrhunderts: Michail Gorbatschow. Nach den sowjetischen Interventionen 1953 in Berlin, 1956 in Budapest und 1968 Prag war für mich klar, dass eine Aufhebung des Blockdenkens nur mit Duldung Moskaus passieren kann.

Im Zusammenspiel mit seiner Perestroika- und Glasnost-Politik machte Gorbatschow den Führungen in den anderen Warschauer-Pakt-Staaten klar, dass sie ihre inneren Angelegenheiten souverän regeln könnten, gleichzeitig aber nicht mehr mit einer Rückendeckung durch die Sowjetunion rechnen dürften. Gorbatschows sogenannte »Sinatra-Doktrin«, benannt nach dem Frank Sinatra-Hit »I Did It My Way« (»Ich machte es auf meine Art«), war ein scharfer Bruch mit der bis dahin gültigen und vom Kreml kompromisslos exekutierten »Breschnew-Doktrin«, die eine sowjetische Einmischung im Fall politischer Veränderungen in den

Satellitenstaaten nicht nur erlaubte, sondern diese sogar zur Aufrechterhaltung von Sicherheit und Ordnung im Warschauer Pakt vorschrieb. Mit Sinatra im Ohr war den kommunistischen Staatsführern klar, dass Gewaltanwendung gegen ihre eigenen Völker ohne sowjetische militärische Rückendeckung für sie selbst äußerst übel ausgehen könnte.

Ich bin überzeugt, dass Gorbatschow mit dieser Klarstellung eine ausufernde Gewalteskalation bei den einzelnen Revolutionen mit Ausnahme Rumäniens (Securitate-Morde an Demonstranten, Hinrichtung von Präsident Nicolae Ceaușescu und seiner Frau Elena) sowie einiger Gewaltakte im Baltikum (»Blutsonntag in Vilnius«) verhindert hat.

EUROPA LÄSST GORBATSCHOW IM STICH

Umso mehr bedauere ich es, dass Europa und der Westen Gorbatschow nach dem politischen Wettersturz in Russland im Regen stehen ließen. Die auf demokratische Erfahrungen früherer Zeiten zurückgreifenden Länder Mittel- und Osteuropas konnten die von Gorbatschow zur wirtschaftlichen und politischen Rettung der UdSSR initiierten Reformbewegungen »Glasnost« (Offenheit) und »Perestroika« (Umgestaltung) zum friedlichen Übergang ins demokratische System nützen.

Die Sowjetunion und an erster Stelle Russland, dem dieser aufklärerische und demokratische Hintergrund fehlte, geriet als Folge der Umwälzungen in einen politischen und wirtschaftlichen Abwärtsstrudel. Während Gorbatschow Europa und dem Westen bis zum Äußersten entgegengekommen war, wurde ihm selbiges nicht entgegengebracht. Als er die Hilfe des Westens am dringendsten benötigt hätte, stand er allein da. Gorbatschow war mit seiner Politik der Wende hin zur Demokratie an einem toten Punkt angelangt. Er hätte Hilfe gebraucht. Er hat sie nicht bekommen. Europa hätte als Tempomacher für den russischen Transformationsprozess fungieren können. Stattdessen waren wir mit uns selbst beschäftigt. Das ist angesichts der Wucht der damaligen Umwälzungen zwar nachvollziehbar. Im Rückblick war es dennoch ein großes Versäumnis und ein schwerer Fehler. Gorbatschow räumte das Feld. Boris Jelzin war der nächste Steuermann Russlands. Im Unterschied zu Gorbatschow war Jelzin nicht in der Lage, Russland auf eine adäquate demokratische und rechtsstaatliche sowie wirtschaftlich taugliche Reiseflughöhe zu bringen. Jelzin geriet in Turbulenzen. Wladimir Putin kam an die Macht. Seine später immer autoritärer werdende »Fasten seat belt«-Politik brachte Russland auf einen Konfrontationskurs, an dessen vorläufigem Ende der Angriffskrieg gegen die Ukraine steht. Folgende Überlegung sei an dieser Stelle gestattet: Wenn Europa einen Bruchteil dessen, was wir jetzt in die Finanzierung dieses Krieges und seiner Folgen investieren müssen, damals für die Unterstützung Gorbatschows bereitgestellt hätte, wäre Russland heute mit großer Wahrscheinlichkeit ein demokratisches Land in einer Partnerschaft mit der europäischen Familie.

(K)EIN WELTWEITES SICHERHEITSSYSTEM

Gorbatschow hatte ein klares Bild vor Augen. Erstens wollte er als gleichberechtigter Partner in Europa eingebunden werden. Zweitens wollte er, dass Russland der NATO beitritt und so ein weltweites Sicherheitssystem gegen Atomwaffen und ihre Verbreitung genauso wie gegen den internationalen Terrorismus etabliert wird. Wäre dieses Bild umgesetzt worden, hätte man sich in der aktuellen Situation einiges erspart. Drittens wollte Gorbatschow auch die europäischen Werte Demokratie und Rechtsstaatlichkeit in Russland Schritt für Schritt etablieren und umsetzen. Der Idealist wollte vielleicht zu viel auf einmal und das zu schnell. Das stellte sich letztlich als sein Fehler heraus.

Die Regierungen in ganz Europa und besonders in Deutschland waren Gorbatschow dankbar dafür, was er für die Wiedervereinigung Deutschlands und für das Zusammenwachsen Europas geleistet hat. Das war aber auch alles. Am Schluss ist Gorbatschow mit leeren Händen dagestanden, das war sein Untergang. Und damit endete auch seine Vision. Ein weltweites Sicherheitssystem, was für eine Idee! Wie kurzsichtig, dass wir diese Vision nicht aufgegriffen haben, sondern Gorbatschow so lange allein ließen, bis es ihn nicht mehr gab. Heute wird rückblickend viel darüber gerätselt, wo der Ursprung des heutigen Krieges in der Ukraine angesetzt werden kann. Für mich liegt die eigentliche Ursache der heutigen katastrophalen Situation im auch vom Westen mitverschuldeten politischen Ende von Michail Gorbatschow. Ein Held ist gefallen, Europa hat die Zeichen der Zeit nicht erkannt.

FPÖ-FEINDBILD LEITL

Nach fünf Jahren als Landtagsabgeordneter, in denen ich
vom ersten Tag an große Freude an der Politikarbeit ent-
wickelt hatte, wechselte ich 1990 in die oberösterreichische
Landesregierung. Landeshauptmann Ratzenböck wollte
mich als Wirtschaftslandesrat in seiner Regierung haben.
Ich sagte zu und bat ihn aber, mein Portfolio um mein
Herzensthema Europa zu erweitern. So trat ich als erster
Europa-Landesrat mein Amt an.

Was alles auf Landesebene in einem guten Austausch
mit Bund und europäischer Ebene möglich ist, versuchte ich
in den folgenden Jahren in der oberösterreichischen Landespolitik zu zeigen. Und auch zu beweisen, dass ein Europa
der Regionen nicht nur möglich, sondern das europäische
Motto, Einheit in Vielfalt, eine ganz große Chance ist.

Bei der Wahl im oberösterreichischen Landtag stimmten
zwei der drei FPÖ-Mandatare gegen mich. Der dritte, ein
Betriebsrat, scherte aus dem Parteikonsens aus. Als Begrün-
dung für sein Abweichlertum zu meinen Gunsten sagte er:
»Der Leitl ist in Ordnung, der tut was für die kleinen Leute.«
Allerhand. Doch diese Unterstützung aus den Reihen der
Freiheitlichen blieb ein singuläres Ereignis. In der Haupt-
sache agierte die FPÖ untergriffig, gerne auf der persönlichen Ebene und schoss Giftpfeile in Gestalt nachweislich
falscher Behauptungen. Diese Art des Umgangs war damals
auf der Ebene der Landespolitik unüblich. Gipfel der FPÖ-
Propaganda gegen ihr Feindbild Leitl war ein freiheitlicher
Antrag auf Absetzung meiner Person zum Landesrat. Ich
habe mir in der Zeit oft die Frage gestellt, warum sich die
FPÖ gerade auf mich so eingeschossen und in mir ihren

erklärten Gegner ausgemacht hat. Meine Antwort damals wie heute ist: weil ich proeuropäisch war und die FPÖ in den Jahren vor der österreichischen Volksabstimmung mit steigender Vehemenz gegen Österreichs Beitritt und das gemeinsame Europa agitierte. Interessant, dass ich mit der nachfolgenden Generation der FPÖ-Politiker in Oberösterreich ein durchaus konstruktives Verhältnis hatte, vielleicht nicht beim Thema Europa, aber in Fragen der Budgetsanierung und des Wirtschaftsstandortes gab es eine durchaus gute Zusammenarbeit.

VON DER KRISEN- ZUR SPITZENREGION

Wirtschaftspolitisch war der Beginn der 1990er-Jahre in Oberösterreich eine schwierige Zeit. Im Gefolge der Verstaatlichten-Krise hatte Oberösterreich 1990 eine Arbeitslosenquote von rund zehn Prozent. Im Rahmen der sogenannten Krisenregion-Verordnung wurden, man stelle sich das vor, über Fünfzigjährige in die Frühpension geschickt. Vor diesem Hintergrund bin ich als Wirtschaftslandesrat angetreten. Das war eine Riesenbaustelle. Mir war klar, dass die Vielfalt an Aufgaben auf dieser Baustelle für einen Einzelnen nicht zu bewältigen war. Also suchte ich Mitstreiter und Verbündete: Politiker, Praktiker, Sozialpartner, Bildungseinrichtungen, Bezirkshauptmannschaften, Schulen und Universitäten … Ich initiierte runde Tische in den Bezirken, um das regionale Wissen vor Ort anzuzapfen und zu vernetzen. Innovations- und Gründerzentren in allen Bezirkshauptstädten, Fachhochschulen und Forschungsinstitute sowie das Forum aktive Arbeitsmarktpolitik waren weitere

Initiativen, um die Abwärtsspirale zu stoppen. Unser Ziel war klar formuliert: Wir wollten es innerhalb eines Jahrzehnts von der Krisenregion zur Spitzenregion schaffen – und wir haben dieses Ziel mit vereinten Kräften schließlich auch tatsächlich erreicht.

Ein besonderer Brennpunkt war die traditionelle oberösterreichische Industriestadt Steyr. Erst drei Wochen als Wirtschaftslandesrat in Funktion, traf ich mich mit dem Bürgermeister Hermann Leithenmayr, der auch Betriebsratsvorsitzender der Steyr-Werke und SPÖ-Nationalrat in Personalunion war. Die Region war damals in einer großen Krise. Leithenmayr führte mich durch die Betriebe. Als wir in einer der leeren Fabrikshallen standen, sagte er zu mir: »Dieses Werk hat eine große Vergangenheit, aber eine armselige Zukunft.« Ich antwortete ihm: »Herr Bürgermeister, hängt es nicht von uns ab, ob nicht auch die Zukunft wieder groß wird?« Daraufhin schaute er mich an, drückte mir kräftig die Hand und sagte: »Des mách ma!« Dann haben wir für Forschungs- und Entwicklungsprojekte in Steyr sehr rasch die notwendigen Genehmigungsverfahren abgewickelt, die erforderliche Infrastruktur und ausreichend Mittel zur Verfügung gestellt. Nicht zu vergessen: Auch europäische Finanzmittel haben uns dabei sehr geholfen.

Mit Leithenmayr konnte ich eine ausgezeichnete Arbeitsebene etablieren. Er war zielorientiert, unbürokratisch und unsere per Handschlag besiegelte Zusammenarbeit war ihm ein echtes Anliegen. Ich konnte renommierte Wissenschaftler von der Technischen Universität in Wien für Steyr gewinnen. Mit dem damaligen Wissenschaftsminister Erhard Busek fand das Projekt auch einen großen Unterstützer in der Bundesregierung. Uns war klar, wir mussten sehr schnell sein, sonst würde diese Technologieentwicklung einen anderen Kurs nehmen. Das galt es zu verhindern. Wir schritten mit Kreativität, unternehmerischem Spirit und Zusammenhalt voran und nahmen die Entwicklung in die Hand. Der Erfolg gab uns recht – in Steyr und anderen oberösterreichischen Standorten.

MITTENDRIN IM WETTBEWERB

Die geografische Mittellage Oberösterreichs war kein einfaches Los. Oberösterreich hatte mit Süddeutschland den stärksten Wirtschaftsraum der damaligen EG als auch den stärksten Mitbewerber des Nicht-EU-Raums, die Tschechische Republik, als Nachbarn. Das verlangte besondere Anstrengungen. Im Westen konnten wir nur mithalten, wenn wir im Innovations- und Qualitätswettbewerb bestehen. Gegenüber Tschechien und seinem niedrigen Lohnniveau mussten wir uns in Bereichen entwickeln, in denen Wertschöpfung, Know-how, Technologie, Präzision und Marketing gefragt sind. In der Zusammenarbeit mit diesen starken Partnern über unsere Grenzen sah ich aber auch unsere Chancen. Doch diese zu nutzen kostete zuerst einmal Geld. Daher verordnete ich als Finanzreferent eine Ausgabensenkung von zehn Prozent in allen Budgetbereichen. So wurden aus Defiziten Überschüsse. Diese konnten wir in zukunftsrelevante Bereiche investieren. Und schon ging die Post ab.

Mitte der 1990er-Jahre hatten wir den Strukturwandel bereits gut im Griff und die niedrigste Arbeitslosigkeit gegenüber vergleichbaren Regionen in Österreich, erstmals sogar niedriger als im viel bewunderten Bayern. Europaweit Spitze waren wir auch beim Bürokratieabbau. So ist uns zum Beispiel gelungen, die durchschnittliche Dauer der betrieblichen Genehmigungsverfahren von drei Jahren auf drei Monate zu senken und damit den Standort Oberösterreich für Investitionen aus ganz Europa attraktiv zu machen. In der Bildungspolitik setzten wir darauf, die in Bayern bewährten Fachhochschulen auch in Oberösterreich zu etablieren. Genauso wichtig, wie die Internationalisierung voranzutreiben, war für mich, die Verbindungen zwischen Schule und Berufsausbildung, Universität und Wirtschaft durchgängig und leistungsfähiger zu machen. Gebot der Stunde war eine talentorientiertere Ausbildung.

Die Folge unseres Aufstiegs zu einer Spitzenregion war, dass uns der damalige baden-württembergische Ministerpräsident Lothar Späth in seiner Funktion als Vorsitzender der wirtschaftlich stärksten regionalen Kooperation Europas, der »Vier Motoren für Europa« (Baden-Württemberg, Lombardei, Rhône-Alpes und Katalonien), einlud, als fünfter Motor dieser europäischen Spitzenregionskooperation beizutreten.

ZÄHE BEITRITTSVERHANDLUNGEN IN BRÜSSEL ...

Am 1. Jänner 1995 trat der EU-Beitrittsvertrag in Kraft, womit Österreich gemeinsam mit Schweden und Finnland Mitglied der Europäischen Union wurde. Die Gemeinschaft von zwölf Staaten wuchs damit auf fünfzehn Mitglieder an. Der Prozess der europäischen Integration hatte nämlich durch den 1992 in Maastricht geschlossenen Vertrag über die Europäische Union ein neues Stadium erreicht und einen eindeutigen Kurs in Richtung mehr Europa vorgegeben: Maastricht stellte explizit klar, dass die Wirtschaftsgemeinschaft (EWG) zu einer politischen Union (EU) zusammenwachsen und der gemeinsame Binnenmarkt zu einer Wirtschafts- und Währungsunion ausgebaut werden soll. Der damalige Kommissionspräsident Jacques Delors war dabei ein genialer Architekt. Solche charismatischen Führungspersönlichkeiten sind leider sehr spärlich.

Anfang 1993 trat der Maastrichter Vertrag in Kraft, am 1. Februar 1993 begannen die formalen Beitrittsverhandlungen mit Österreich. Heute meist vergessen ist, dass damals neben Österreich, Schweden und Finnland auch mit Norwegen über einen Beitritt verhandelt wurde. Brüssel und Oslo wären sich auch einig geworden, doch die Mehrheit der norwegischen Bevölkerung stimmte schließlich gegen einen Beitritt. Die Norweger waren jedoch so klug, einen Plan B zu verwirklichen, und traten dem Europäischen Binnenmarkt bei.

Am 12. April 1994 wurden die Beitrittsverhandlungen mit Österreich zu einem positiven Abschluss gebracht. Diesem Durchbruch waren viele zähe, schwierige, tage- und nächtelange Verhandlungsmarathons der österreichischen Delegation unter Außenminister Alois Mock vorausgegangen.

Besonders gegenüber Frankreich, das über eine weitere »deutsche Wiedervereinigung durch die Hintertür« grummelte, war hier viel Verständnisarbeit zu leisten. Einer, der uns massiv unterstützt hat, war der deutsche Bundeskanzler Kohl. Er gab seinem Außenminister Klaus Kinkel das Pouvoir, die Österreicher bestmöglich auf ihrem Weg in die Gemeinschaft zu unterstützen. Ein großes Thema war der Transitverkehr über die Alpen. Auch hegten einige österreichische Wirtschaftssektoren Befürchtungen, nach einem Beitritt unter die Räder zu kommen. Als Wirtschafts- und Europalandesrat hielt ich dagegen. Mit zwischen Politik und Wirtschaft koordinierten Sektorplänen werde niemand ins kalte Wasser gestoßen. Ich brachte das Beispiel aus der Fischerei: So wie Fische langsam und schrittweise an neue Wassertemperaturen angepasst werden, gibt es auch für besonders betroffene Wirtschaftssektoren Übergangszeiten, Unterstützungsmaßnahmen und Ausnahmeregelungen.

... UND ÜBERZEUGUNGSARBEIT IN ÖSTERREICH

Am 4. Mai 1994 kam grünes Licht aus Straßburg, und das Europäische Parlament stimmte mit 378 von 517 Abgeordneten-Stimmen für den Beitritt Österreichs. Somit war nur noch die Zustimmung des österreichischen Souveräns ausständig. Dazu wurde im Juni 1994 eine Volksabstimmung anberaumt. Um in diesem Endspurt für den Beitritt meinen Beitrag zu leisten, startete ich als Europa-Landesrat eine Informationskampagne, mit der ich mir postwendend wie selbstredend eine weitere massive Anti-Leitl-Kampagne der FPÖ, heute würde man Shitstorm dazu sagen, einhandelte.

Mein Ziel war, die Leute zu informieren, um den gerade von Jörg Haider geschürten negativen Emotionen (Schildläuse im Joghurt und andere unappetitliche Fake-News) Fakten entgegenzusetzen. Dafür haben wir unter Leitung und Mithilfe des Völkerrechtsprofessors Michael Schweitzer

(Universität Passau) hundert sogenannte »EU-Informer« ausgebildet. Das waren Personen aus allen möglichen gesellschaftlichen Bereichen, damit wir ein so weites Bevölkerungsspektrum wie möglich abdecken konnten.

Diese wurden ins ganze Land ausgeschickt, um mit den Menschen zu reden, Vorträge zu halten und an Diskussionen teilzunehmen und dabei die Bedeutung eines Beitritts Österreichs bewusst zu machen. Am 12. Juni 1994 stimmten 66,6 Prozent der Österreicherinnen und Österreicher für das Bundesverfassungsgesetz über den Beitritt Österreichs zur EU (Artikel 44 Abs. 3). Seit 1. Jänner 1995 ist Österreich Teil des gemeinsamen Europas. Und wenn wir heute zurückschauen, war diese Entscheidung eine sehr gute. Nicht nur für die Wirtschaft, sondern für die Gesellschaft insgesamt. Die Zahlen und Fakten beweisen das. Die Gegenprobe erfolgte durch den Brexit. Gemeinsam ist eben besser als einsam.

BANGEN UND RINGEN UM SCHENGEN

Ein großer Wunsch und eine große Erwartung an die Staatengemeinschaft war von jeher der Wegfall der Grenzkontrollen. Der grenzfreie Reiseverkehr begann am 26. März 1995 mit dem Schengener Übereinkommen zwischen Belgien, Deutschland, Frankreich, Luxemburg, den Niederlanden, Portugal und Spanien.

2023 gehören 27 Länder dem passfreien Schengen-Raum an, darunter auch die Nicht-EU-Mitgliedsländer Island, Liechtenstein, Norwegen und die Schweiz. Die Errungenschaft grenzenloser Mobilität in Europa und der europäische Grundpfeiler der Reisefreiheit werden seit der Corona-Krise durch ständig mehr werdende Grenzkontrollen innerhalb des Schengen-Raums teilweise zurückgenommen. Die österreichische Regierung hat das Ihrige dazu getan. Besonders aber mit Österreichs Veto-Politik, die ja nicht im Kontext der Covid-Krise steht, gegen die Schengen-Aufnahme von Rumänien und Bulgarien hat die Bundesregierung viel Sympathie in diesen traditionell wichtigen Partnerländern verloren. Die ablehnende Haltung aus Wien ist aber darüber hinaus auch auf großes Unverständnis in anderen Mitgliedstaaten gestoßen, die, mit Ausnahme der Niederlande im Fall von Bulgarien, alle für die Schengen-Erweiterung dieser beiden Staaten plädierten. Auch eine Resolution des Europaparlaments kritisierte, dass Österreichs Veto-Keule keineswegs auf Fakten basiere: Die österreichischen Argumente »stehen in keinem Zusammenhang mit den für Rumänien festgelegten Bedingungen für den Beitritt zum Schengen-Raum«.

Als Präsident der Europäischen Bewegung Österreichs machte ich aus meinem Ärger über diese Blockadehaltung kein Geheimnis und hielt mich mit Kritik daran nicht zurück. Denn die grenzenlose Mobilität ist Teil der europäischen Identität. Deswegen forderte ich dazu auf, das in der Schengen-Errungenschaft verbriefte Freiheitsversprechen der Europäischen Union, verbunden mit einem um Rumänien und Bulgarien erweiterten Sicherheitsraum für die EU samt Außengrenzschutz, möglichst rasch einzulösen. Dann sei Österreich wieder Player bei der Lösung uns wichtiger Fragen, die sinnvollerweise nur gemeinsam auf europäischer Ebene angepackt werden können, lautete mein Argument. Wer hingegen nationalstaatliches Gehabe an den

Tag legt und die Errichtung von Mauern rund um unser Land, die »Festung Österreich«, verlangt, macht vielleicht Parteipolitik, löst aber sicher keine Probleme.

RAUS AUS DER SCHMUDDELECKE!

Österreich ist in den mittel- und osteuropäischen Ländern seit Beginn der Ostöffnung in den 1990ern nicht nur wirtschaftlich eine Großmacht – als Top-Investor und besonders erfolgreicher Nutznießer der wirtschaftlichen Dynamik dieser Region, die auch den wirtschaftlichen Folgen des russischen Angriffskriegs gegen die Ukraine und der hohen Teuerung besser standhält als Westeuropa. Die Länder in Mittel- und Osteuropa haben in uns aufgrund der historisch engen Bande immer eine wertvolle Begleitung gesehen und uns daher entsprechende Sympathie entgegengebracht. Ganz zu schweigen davon, dass sehr viele Österreicherinnen und Österreicher im Alltag – ob im Gesundheitsbereich oder bei der Pflege ihrer Angehörigen – auf die Betreuung durch Arbeitskräfte aus diesen Ländern angewiesen sind. Mit unserer unnötigen Veto-Politik gegen Rumänien und Bulgarien haben wir uns politisch wie wirtschaftlich in die Schmuddelecke gestellt. Das europapolitische Gebot der Stunde kann deswegen nur lauten, so schnell wie möglich aus dieser Ecke, in die Österreich einfach nicht gehört, wieder rauszukommen, europäisches Vertrauen zurückzugewinnen und den politischen wie wirtschaftlichen Scherbenhaufen, der angerichtet wurde, so gut und so rasch wie möglich wieder zu kitten. Erste Schritte dazu wurden gesetzt, aber sie reichen nicht aus. Möge dieses unrühmliche Kapitel möglichst bald einer guten Lösung Platz machen!

Einigkeit und Symbolik bedingen einander. Im europäischen Kontext unvergessen ist der Kniefall des deutschen Bundeskanzlers Willy Brandt 1970 in Warschau vor dem Mahnmal zum Gedenken an den jüdischen Ghetto-Aufstand während der nationalsozialistischen Besatzung Polens. Unvergessen, wie der deutsche Bundeskanzler Helmut Kohl und der französische Staatspräsident François Mitterrand 1984 beim gemeinsamen Besuch eines deutschen Soldatenfriedhofs in Verdun Hand in Hand vor einem Sarg stehen. Unvergessen auch das Bild, als der österreichische Außenminister Alois Mock und sein ungarischer Amtskollege Gyula Horn am 27. Juni 1989 feierlich den Eisernen Vorhang an der ungarisch-burgenländischen Grenze mit Bolzenschneidern in den Händen durchtrennen. Solche symbolischen Handlungen sind gerade auch im europäischen Miteinander immer wieder unverzichtbar. Gleiches geschah auch auf regionaler Ebene, als der oberösterreichische Landeshauptmann Josef Ratzenböck und der südböhmische Kreishauptmann Miroslav Šenkýř diese unmenschliche Trennung durch den Stacheldraht beendeten und damit eine wertvolle regionale Kooperation einleiteten.

WEG MIT DEN BALKEN

Eine solche symbolische Grenzen-nieder-Aktion habe ich als Europa-Landesrat in Oberösterreich mit meinem Visavis auf der bayerischen Seite gesetzt. Es war anlässlich unseres EU-Beitritts Anfang 1995. Wir beschlossen, mit einem gemeinsamen oberösterreichisch-bayerischen Zeichen für mehr Freiheit zu sorgen. »Bitte Grenzen öffnen!« ließen wir die jeweiligen Regierungen von der Grenzstadt Schärding aus wissen. Mein bayerischer Kollege und ich legten selbst Hand an und zersägten zur Freude der anwesenden Fotografen und Kameraleute einen Grenzbalken. Danach sind wir, wie es sich nach harter gemeinsamer Arbeit gehört, ins Festzelt zu Weißwurst und Bier gegangen. Eine Saalwette, ob es dem Europa-Landesrat Leitl möglich sei, zwölf Weißwürste am Stück zu verzehren, habe ich gewonnen. Auch die damit verbundene Heiterkeit im Bierzelt war völkerverbindend. Hart arbeiten, aber auch kräftig feiern, war immer mein Motto.

Doch unsere Grenzaktion hatte ein Nachspiel: Vierzehn Tage später kam ein Schreiben vom Finanzministerium, in dem beim Herrn Landesrat nachgefragt wurde, ob er denn nicht bei dieser Aktion Bundeseigentum beschädigt habe, weil doch ein Grenzbalken der Republik Österreich zersägt worden sei. Ich konnte die Bundesdienststellen beruhigen: Wir haben den in Staatseigentum befindlichen eisernen Schranken nicht beschädigt, sondern einen eigens dafür angefertigten hölzernen Balken verwendet.

... GRENZENLOSE LIEBE UNTERSTÜTZT

In der Zeit vor Schengen waren nicht nur Staaten und Regionen voneinander getrennt, sondern alle Formen von Beziehung, auch Liebespaare. Während es in Zeiten von Schengen vollkommen normal ist, dass man auf der oberösterreichischen Seite des Inns arbeiten und auf der bayerischen Seite des Grenzflusses leben und wohnen kann, war das nicht immer so unkompliziert. Es konnte sogar richtig unangenehm und zuweilen teuer werden.

So geschah es einem Oberösterreicher, der seine Liebe im bayerischen Simbach gefunden hatte. Tagsüber arbeitete er in Braunau, nach Dienstschluss fuhr er über die Grenze nach Simbach und am darauffolgenden Morgen wieder retour. So ging das tagein, tagaus. Die Grenzbeamten kannten den Pendler schon. Man grüßte sich freundlich und schien im besten Einvernehmen zu stehen.

Eines Tages jedoch wurde der Mann von den Zöllnern auf der österreichischen Seite angehalten. Die Zollwachebeamten hatten nämlich nicht nur täglich gegrüßt, sondern auch über die Grenzübertritte Buch geführt, wie es ihre Pflicht war. »Sie waren mit Ihrem heutigen Grenzübertritt im letzten Jahr mehr als 180 Tage im Ausland«, rechneten sie dem grenzenlos überraschten Pendler vor, »deswegen müssen Sie Ihr Auto verzollen.« Der Betroffene wandte sich in seiner Not an mich; ich kontaktierte den damaligen Finanzminister Ferdinand Lacina, aber der konnte da auch nicht helfen, so habe ich den Grenzgänger der Liebe wegen in seinen Finanznöten ein bisschen unterstützt. Solche und ähnlich Geschichten haben sich unzählige Male ereignet. Sie waren und sind mir ein großer Antrieb, mich weiter für grenzenlose Mobilität innerhalb Europas bei gleichzeitig bestmöglichem Grenzschutz einzusetzen.

EIN FEST FÜR TIROL

Mit der Gründung der Europaregion Tirol-Südtirol-Trentino wurde das seit dem Ende des Ersten Weltkriegs 1918 zerrissene Land wieder zusammengefügt. Die Grenze am Brenner hat lediglich noch verwaltungsrechtliche Bedeutung, sie trennt aber nicht mehr physisch Nordtirol von Südtirol. Europa hat zusammengefügt, was der Nationalismus getrennt hatte.

In Gefolge der europäischen Flüchtlingskrise sollte die Grenze am Brenner 2016 geschlossen werden. Um die historische und symbolische Bedeutung des Brenners wissend, habe ich mich mit dem Südtiroler Kammerpräsidenten Michl Ebner in Verbindung gesetzt. Gemeinsam erarbeiteten wir einen Vorschlag, der keine Brenner-Schließung, wohl aber mehrere Kontrollpunkte auf den Autobahnparkplätzen vor dem Brenner vorsah. Mit der Unterstützung des österreichischen Bundespräsidenten und der Bundesregierung konnte dieser Vorschlag verwirklicht werden. Der Brenner blieb offen.

DER NATIONALISMUS MARSCHIERT VORWÄRTS

Wie schnell in Europa neue Grenzen gezogen werden und uralte Konflikte wieder aufflammen können, haben uns die Jugoslawienkriege gezeigt, die wie ein blutroter Faden die 1990er-Jahre durchzogen haben. Nach dem Tod des jugoslawischen Präsidenten Josip Broz Tito war offensichtlich, dass niemand diese geradezu kultisch verehrte Persönlichkeit ersetzen und das multiethnische, multireligiöse und mehrsprachige Land zusammenhalten kann. Ich vertrat daher die unkonventionelle Meinung, Jugoslawien so schnell wie möglich in die EU zu integrieren.

Ich bin überzeugt, dass durch ein schnelles und beherztes politisches und wirtschaftliches Engagement der EU der Zerfall Jugoslawiens, die folgenden Bürgerkriege und die nach wie vor schwelenden Konflikte am Westbalkan hätten verhindert oder zumindest in zivilisierte Bahnen gelenkt werden können. Europa war zu langsam, die Nationalitäten waren schneller. Als erstes Land löste sich Slowenien aus der Sozialistisch Föderativen Republik Jugoslawien, als zweites folgte Kroatien. Die weitere Geschichte um die verbleibenden Teilrepubliken Serbien, Bosnien und Herzegowina, Mazedonien, Montenegro und Kosovo ist bekannt. Wie viel leichter hätten wir uns damals getan, Jugoslawien als Ganzes eine europäische Perspektive zu bieten und damit schmerzhafte Irrwege bis hin zur NATO-Bombardierung Belgrads zu vermeiden.

Hinterher ist man immer gescheiter. Aber eines lässt sich aus diesem falschen Zaudern und Zögern von damals für die Gegenwart und Zukunft lernen: Mit Kreativität und Phantasie ließen sich viele Konflikte vermeiden oder, so sie schon einmal brennen, wieder löschen. So klar das sein sollte, so wenig wird es in der Realität beherzigt.

1999 feierte der Europarat sein 50-jähriges Bestehen. Meinen eigenen Fünfziger feierte ich damals ebenfalls mit einem Europafest. Dankbar dafür, wie weit wir gekommen sind und hoffnungsvoll für weitere wichtige Beiträge des Europarats und der EU an der Schwelle zum 21. Jahrhundert.

Am Ende meiner Betrachtung über die 1990er-Jahre erinnere ich nochmals an die zwei Männer, die Europa verändert haben: Michail Gorbatschow und Helmut Kohl. Von den beiden lässt sich einiges lernen, vor allem ihr Gespür für die Möglichkeiten und Chancen und ihren Mut, diese gegen Bedenken und Widerstände zu nützen. Es sind eben immer Menschen, die Geschichte machen.

KAPITEL 6

2000 BIS 2009:
ATEMBERAUBENDE FORTSCHRITTE,
SCHMERZHAFTE RÜCKSCHLÄGE

1. Jänner 2000. Gefeiert habe ich den Wechsel in das neue Jahrtausend, so wie jeden Silvester, im engsten Kreis der Familie: mit Fleischfondue, mit Bleigießen und dem Abspielen alter, selbst gedrehter Super-8-Filme von den Kindern. Auch ein Feuerwerk vor dem Donauwalzer war dabei. Was für ein Gefühl: Mit einem Walzer in unserem Garten tanzten wir ins neue Jahrtausend!

Ein neues Jahr, ein neues Jahrzehnt, ein neues Jahrhundert, ein neues Jahrtausend liegt vor uns. Der von einigen befürchtete Weltuntergang ist nicht eingetreten, im Gegenteil: Zuversicht und Optimismus haben die Silvesterfeiern bestimmt. Auch in Europa war man am Beginn des sechsten Jahrzehnts der europäischen Einigung euphorisch und hat erklärt, der größte und erfolgreichste wissenschaftsbasierte Wirtschaftsraum der Welt werden zu wollen. Am

Ende des Jahrzehnts musste man sich allerdings kleinlaut eingestehen: »It's not a matter to become the best, it's a matter to survive!« Ein Widerspruch? Muss man nicht zu den Besten gehören, um überleben zu können?

Zwei großartige Erfolge bestimmten dieses sechste Lebensjahrzehnt Europas. Die Einführung des Euro und der »Big Bang«, die Erweiterung Europas in den Ostflügel des gemeinsamen Hauses. Aber es gab auch fürchterliche Rückschläge. Der Terrorangriff 9/11 kam unerwartet und brachte ein geopolitisches Erdbeben mit sich, dessen Schockwellen bis heute spürbar sind. Die von den USA ausgegangene Weltfinanzkrise 2008 zeitigte ökonomische Krisenwellen und brachte die Weltwirtschaft an den Rand eines Kollapses. Beide Ereignisse machten deutlich, wie sehr Europa von den Entwicklungen in der Welt abhängt und wie sehr es daher erforderlich ist, diese Entwicklungen als starker Mitspieler in die richtige Richtung zu bewegen. Aber so wie Europa von der Welt abhängt, hängt auch Österreich von Europa ab.

Das Jahr 2000 begann in Österreich mit dem politischen Paukenschlag einer Koalitionsregierung aus ÖVP und FPÖ unter Bundeskanzler Wolfgang Schüssel. Die Reaktionen im Inland wie auch jene aus dem Ausland waren heftig. Grund dafür war der weit über die Grenzen des Landes hinaus als rechtsnationaler Provokateur bekannt gewordene FPÖ-Chef Jörg Haider. Der hatte zwar keine Funktion in dieser Regierung, legte auch den Vorsitz in seiner Partei zurück und beschränkte sich offiziell auf sein Amt als Kärntner Landeshauptmann. Nichtsdestotrotz galt er als der eigentliche Strippenzieher innerhalb des freiheitlichen Koalitionspartners, was anfangs sicher stimmte. Relativ rasch emanzipierten sich die FPÖ-Regierungsmitglieder jedoch von Haiders Dirigismus. Beim freiheitlichen Sonderparteitag im Herbst 2002 in Knittelfeld eskalierte (wieder einmal) der Richtungsstreit zwischen liberaler und nationaler Ausrichtung in der FPÖ. Das führte zum vorzeitigen Ende dieser Koalition, zu Neuwahlen und Schüssels Schwarz-Blau II mit einer aus den vorausgehenden Wahlen als Nummer eins hervorgegangenen ÖVP.

IM SCHWARZ-BLAUEN SANKTIONEN-STRUDEL

Bis zum Jahr 2000 war ich noch Wirtschaftslandesrat, Europalandesrat und Landeshauptmann-Stellvertreter in Oberösterreich. 1999 wurde ich Obmann des Österreichischen Wirtschaftsbunds, und Anfang 2000, nach der Wirtschaftskammerwahl, war ich designierter Präsident der österreichischen Wirtschaftskammer. Von einem Tag auf den anderen stand ich damit in der Verantwortung, mein Land vor den europäischen Institutionen erklären und verteidigen zu müssen. Die internationale Stimmung in Bezug auf unser Land war aufgeladen. Meine Aufgabe war es nun, so weit wie möglich die österreichische Wirtschaft vor Schaden zu bewahren.

Ich war kein Freund von Haider und seinen aggressiven politischen Haltungen gegen Europa und die Sozialpartnerschaft. Bei sozialpartnerschaftlich relevanten Themen war ich auch in die Regierungsverhandlungen zwischen ÖVP und FPÖ eingebunden, wie ich es zuvor auch bei den letztlich gescheiterten Verhandlungen zwischen Sozialdemokratie und Volkspartei gewesen war. Natürlich habe ich da als Wirtschaftsbundpräsident versucht, unsere Positionen ins Regierungsprogramm einzubringen. Als dann Schwarz-Blau von Bundespräsident Thomas Klestil am 4. Februar 2000 mit offen zur Schau getragenem Widerwillen angelobt wurde, setzte ich auf Bundeskanzler Wolfgang Schüssel, den ich als aufrechten Europäer und erfahrenen Außenpolitiker kannte. Die folgenden Ereignisse bis zur FPÖ-Implosion in Knittelfeld bestätigten meine Annahmen.

Für mich als österreichischen Europäer und europäischen Österreicher war der Beschluss unserer damaligen vierzehn EU-Partnerländer am 31. Jänner 2000, wegen der FPÖ-Regierungsbeteiligung »bilaterale Maßnahmen« gegen die schwarz-blaue Koalition zu verhängen, natürlich ein Schlag in die Magengrube. Den EU-14 schlossen sich damals auch noch Tschechien, Kanada, Israel und Norwegen an. Im Rückblick und mit Abstand von fast einem Vierteljahrhundert kann man darin sicher den vergeblichen Versuch innerhalb der EU sehen, Regierungskonstellationen in einem EU-Mitgliedsland mit Sanktionen zu belegen. Doch wie wieder rauskommen aus diesem Dilemma?

DAS ENDE DER SANKTIONEN

Die Lösung bestand schließlich im Konstrukt eines dreiköpfigen Weisenrats unter dem für Konfliktbeilegungen bekannten und geschätzten früheren finnischen Ministerpräsidenten und späteren Friedensnobelpreisträger Martti Ahtisaari. Der von ihm und den anderen beiden Weisen, dem deutschen Völkerrechtler Jochen Frowein und dem früheren spanischen EU-Kommissar Marcelino Oreja, erstellte

Bericht über die Lage in Österreich führte im September zur Aufhebung der Sanktionen. Diese hatten sich letztlich auf die Reduktion der bilateralen Beziehungen auf Regierungs- und diplomatischer Ebene sowie symbolische Unmutsbekundungen beschränkt.

Im Zuge der Erstellung dieses Berichts wurde auch ich von den »drei Weisen« einer eingehenden Befragung unterzogen. Ich argumentierte mit einer Episode aus der französischen Politik: Als der 1981 neu gewählte französische Staatspräsident François Mitterrand die Kommunisten an der Regierung beteiligte, löste das vielfach Irritationen aus. Dennoch behielt Mitterrand recht. Denn er brachte die Kommunisten damit von den massiven Protesten auf der Straße in die Regierung und damit in eine große Verantwortung. An dieser zerbrach der Geist ihres Widerstands. Mitterrands Plan war aufgegangen. Diesen Faden spann ich weiter und stellte die Frage, ob es nicht vorstellbar wäre, dass sich Ähnliches in Österreich abspielen könnte. Der Bericht der drei Herren fiel schließlich für Österreich recht positiv aus und ermöglichte eine Beendigung der Sanktionen.

NEUE SKEPSIS

Alles andere als symbolisch, und das schmerzte mich damals am meisten, waren die Auswirkungen der Sanktionsdebatte auf die Einstellung der Österreicherinnen und Österreicher gegenüber der EU. Die Ablehnung der Österreicher stieg laut den Eurobarometer-Umfragen massiv. Insbesondere Jörg Haider ließ natürlich keine Möglichkeit aus, sich kämpferisch gegen die EU zu geben, sich bei jeder Gelegenheit zu inszenieren und weiter Öl ins Feuer zu gießen.

EXPORT-DAMPFER AUF KURS

Allen Unkenrufen über die politische Lage zum Trotz gelang es, die Wirtschaftsbeziehungen Österreichs mit Frankreich und mit Belgien, den beiden Vorreitern für die EU-Sanktionen, stabil zu halten. Mehr als das. Der wirtschaftliche Austausch mit beiden Ländern erreichte im Jahr 2000 sogar neue Rekordwerte. Österreichs Exporte nach Frankreich stiegen in diesem Jahr im Vergleich sogar stärker als in die anderen EU-Staaten. Das Ende dieses wohl turbulenten, dennoch erfolgreichen Jahres begingen wir mit einem französischen Abend, bei dem wir mit dem damaligen französischen Botschafter, Jean Cadet, wie auch dem Präsidenten der Französisch-Österreichischen Handelskammer, Alain de Krassny, die Vertrauensbasis zwischen unseren Ländern bekräftigten. An Vertrauen gilt es jedoch ständig zu arbeiten. Zweimal jährlich lud ich daher sämtliche Botschafter in Österreich aus den EU-Ländern zu einem Arbeitsessen in die Wirtschaftskammer ein, um mit ihnen aktuelle Ereignisse aus der Sicht der österreichischen und europäischen Wirtschaft zu besprechen.

Eine gute Weiterentwicklung unserer Außenwirtschaftsorganisation hatte für mich höchste Priorität. Staatsbesuche auf der ganzen Welt waren da immer eine willkommene Gelegenheit, unserer Wirtschaft Türen zu öffnen und Potenziale zu erschließen. Alles natürlich unter der Bedingung eines offenen und fairen Wettbewerbs. Unsere Strategie bestand darin, den Unternehmen Informationen und Kontakte mit möglichen Geschäftspartnern zu vermitteln und die handelnden Personen nach Möglichkeit direkt miteinander in Verbindung zu bringen.

Als Leiter der begleitenden Wirtschaftsdelegationen war ich insgesamt mit drei Bundespräsidenten unterwegs. Zu Anfang meiner Kammerpräsidentschaft mit Thomas Klestil, gegen Ende mit Alexander Van der Bellen. Heinz Fischer habe ich im Laufe seiner zwei Amtsperioden am öftesten begleitet. Bei Nachtflügen sind wir oft beisammengesessen und haben lange diskutiert. Aus diesen vielen gemeinsam verbrachten Stunden hat sich eine Freundschaft entwickelt, die uns bis heute verbindet.

NUR MUT!

Zu meinem Antritt als Präsident der Wirtschaftskammer habe ich ein Buch mit dem Titel »Nur Mut!« veröffentlicht. Meine Überzeugung zur gesellschaftlichen Situation und Gemengelage nach dem Jahrtausendwechsel war, dass Österreich mehr Visionen und den Mut zur kreativen Neuordnung von Ressourcen guttun würde. Visionen werden allzu oft als unrealisierbare Träume abgetan.

Das gilt meines Erachtens auch für Organisationen, und daher galt das auch für die Wirtschaftskammer-Organisation, deren Reform ich als meine nächste Baustelle übernommen hatte. Ein sehr guter Freund in Oberösterreich mit viel Insiderwissen über Institutionen-Management meinte wohlmeinend: Die Wirtschaftskammer ist nicht reformierbar. Nur Mut, habe ich ihm dagegengehalten und mir diesen für die bis dato größte Reform einer öffentlich-rechtlichen Körperschaft in gewisser Weise auch gleich selbst zugesprochen. Mein Freund hatte mit seiner Warnung insofern recht, als wir uns mit dieser Reorganisation eine richtig große Baustelle auferlegten. Mein erklärtes Ziel war, dass sich die damals rund 300.000 Mitglieder mit der Reform und ihren Inhalten identifizieren können und die gesetzliche Mitgliedschaft mit Freude und Engagement gelebt wird.

Die aktive Einbindung von Frauen und Jugend war mir besonders wichtig. Es gab im Wirtschaftsparlament lediglich an die acht Prozent Frauen. Und das, obwohl damals schon 30 Prozent der Unternehmer weiblich waren. Auch die Junge Wirtschaft hatte damals nicht jenen Stellenwert, der einer »next generation« einfach zukommen muss. Am Kammertag Ende 2001 wurde die Wirtschaftskammerreform einstimmig – nach Zustimmung des Nationalrats – angenommen.

Die Vorgabe war sportlich: Minus 30 Prozent bei den Kosten, plus 30 Prozent bei der Leistung, machte in Summe 60 Prozent Produktivitätssteigerung. Es war nicht immer leicht, aber innerhalb von zwei Jahren schafften wir den Umbau. Der Druck auf die Organisation von außen und das Empfinden der Mitglieder, dass man auf die alte Art nicht weiterkomme und sich neu, kreativ und schlagkräftig aufstellen müsse, führte letztlich zu Weichenstellungen und dem Setzen mutiger Schritte. Die Vielzahl an Einzelmaßnahmen und das Engagement vieler Mitglieder haben den Turnaround ermöglicht und die Wirtschaftskammer zum größten Dienstleistungsunternehmen des Landes gemacht.

Ganz wesentlich aber war für mich, die Wirtschaftskammer auch als einen Vorkämpfer für die europäische
Idee in Österreich zu positionieren. Ich argumentierte mit
leicht nachvollziehbaren Zahlen: Fünf von zehn Euro unseres Wohlstands verdienen wir mit Exporten in die Europäische Union. Und ich argumentierte mit dem Wir-Gefühl:
Europa ist Teil der österreichischen Identität, und Österreich
hat die Chance, unsere Anliegen, Vorstellungen, Ideen und
Werte in diese größere Gemeinschaft einzubringen. Diese
Argumente spielten schon bei der Wirtschaftskammerwahl
des Jahres 2000 eine große Rolle. Kein Wunder, dass das
den damaligen Obmann der FPÖ, Jörg Haider, auf den
Plan rief, mir mit gewaltigem Aufwand eine Niederlage
beizubringen. Das Gegenteil war der Fall. Unser Wirtschafts-
bund landete sogar im Bundesland der politischen Heimat
Haiders, in Kärnten, einen Sensationserfolg, der von niemandem erwartet worden war und für Jörg Haider seine
erste politische Niederlage zur Folge hatte.

»WER ZU SPÄT KOMMT …«

Mit dem Vertrag von Nizza im Februar 2001 setzte die
Europäische Union ihren nächsten Reformschritt. Die Zeit
drängte, denn die nächste Erweiterung der Union auf
25 Mitgliedstaaten zeichnete sich bereits für die Mitte des
Jahrzehnts ab. Ziel von Nizza war, die europäischen Institutionen so zu reformieren, dass sie nach dem Erweite-
rungsschritt um zehn ost- und mitteleuropäische Staaten
nicht außer Tritt geraten würde. Das ist mit Nizza aber nur
teilweise gelungen. Weitere Reformdurchgänge waren nötig.

Allerdings gibt es immer noch Bereiche, in denen die Union in ihren Strukturen aus der Anfangszeit feststeckt, die auch noch siebzig Jahre später die Gemeinschaft blockieren, wie sich am Beispiel des Einstimmigkeitsprinzips zeigt. In der Gründungsphase war dieses ein wichtiges Zeichen des Zusammenhalts zwischen den großen und kleinen Staaten. Das Prinzip hat am Anfang auch wunderbar funktioniert. Bis die Gemeinschaft Mitte der 1990er-Jahre auf fünfzehn Mitglieder angewachsen ist. Ab diesem Zeitpunkt wurden regelmäßig Klagen laut. Das Abstimmungsprozedere erwies sich als mühsam und schwerfällig und brachte selten Zufriedenheit. Dann folgte mit der Osterweiterung ein Paukenschlag. Die EU verdoppelte sich nahezu. Ab nun gab es 25 Mitglieder, bald darauf 27. Spätestens seit diesem Zeitpunkt funktioniert es mit der Einstimmigkeit nicht mehr. Und heute bedeutet das Einstimmigkeitsprinzip in der EU-27 de facto Lähmung und Blockade. Eine unmögliche Situation in einer sich dramatisch verändernden Welt. Ich habe da die Worte Michail Gorbatschows noch im Ohr: »Wer zu spät kommt, den bestraft das Leben!«

Einstimmigkeit ist aus meiner Sicht undemokratisch. Demokratie bedeutet Suche nach Mehrheiten, in wichtigen Fällen mit qualifizierter Mehrheit. Die Europäische Union hat in vielen Fragen diese qualifizierte Mehrheit, und das ist ein kluges Instrument. Es hat nur den Nachteil, dass es in wichtigen Fällen, zum Beispiel in der Wirtschafts- und Fiskalpolitik oder in der Außen- und Sicherheitspolitik, nicht angewendet werden darf. Das eröffnet einer Erpressung durch ein einziges Land Tür und Tor. Der ungarische Ministerpräsident Viktor Orbán hat gezeigt, wie das geht. Weiters öffnet Einstimmigkeit dem Nationalismus Tür und

Tor, denn jede Regierung eines Landes kommt auch innenpolitisch unter Druck, wenn sie einer Regelung zustimmt, die aus der Sicht dieses Landes Nachteile mit sich bringt. Beispiel: Bei einer gemeinsamen Steuerregelung können ein oder zwei Länder, zum Beispiel Malta oder Irland, ihr Veto einlegen. Oder auch Österreich bei der Schengen-Erweiterung. Daher gehört für mich zu einer Reform der Europäischen Union und zur Wiederherstellung ihrer Entscheidungs- und Handlungsfähigkeit die Abschaffung des Einstimmigkeitserfordernisses. Dann haben Vetokeulen-Schwinger ausgedient.

9/11: EINE WAHL UND EIN INFERNO

Der 11. September 2001 hat sich in meiner Erinnerung aufgrund von zwei Ereignissen festgemacht. Das sind natürlich zunächst die Terroranschläge auf die Twin Towers, das World Trade Center, in New York und andere Ziele in den USA, die unter der Kurzformel 9/11 in die Geschichtsbücher eingegangen sind.

Für mich persönlich hatte dieser Tag noch eine weitere Bedeutung, die wohl von den Ereignissen der Twin Towers überschattet waren und immer sein werden. Ich war am 11. September 2001 beim Hearing für das Amt des Präsidenten der Europäischen Wirtschaftskammer. Erst im Jahr davor zu Österreichs Kammerpräsident gewählt, wollte ich für eine Bewerbung auf der europäischen Ebene eigentlich noch zuwarten. Außerdem war ich damals völlig neu im Eurochambres-Zirkel und daher kaum bekannt. Aber die Spanier schlugen mich vor, so kam ich ins Hearing, sah mich aber eher als Zählkandidat, der die Auswahl vergrößert, aber nicht mehr. Ich war mir sicher, damit aus dem Ausleseverfahren rauszukommen. Doch es kam anders.

Mein Mitbewerber war ein Kollege aus Irland, der schon länger auf europäischer Wirtschaftskammerebene präsent war und daher fix mit seiner Wahl rechnete. Die erste Abstimmung in der Vollversammlung ergab jedoch eine Pattsituation: 22 Stimmen für den Iren, 22 für mich, 2 Enthaltungen. Die beiden Kollegen, die sich im ersten Durchgang ihrer Stimme enthielten, waren zwei Briten.

Die Iren jubelten und waren sich ihres Erfolgs im zweiten Durchgang sicher, wähnten sie doch die beiden Eurochambres-Mitglieder von der großen Nachbarinsel, wenn es hart auf hart geht, auf ihrer Seite. Sie konnten nicht wissen, dass ich beim vorabendlichen Zusammenkommen an der Hotelbar auf einige Erfahrungen aus meinem bisherigen Leben als Unternehmer und Politiker zurückgreifen konnte: »Never miss a good bar!« So stellte ich mich mit einem Glas Bier in der Hand neben anderen auch zu den beiden Briten. Wir führten ein gutes Gespräch, bei dem ich ihnen meine Ideen präsentierte, wie ich das Vereinigte Königreich stärker in die Europäische Wirtschaftskammer einbinden würde.

Das gefiel ihnen anscheinend. Denn am nächsten Tag wurde ich mit 24 zu 22 Stimmen in meine erste Periode als Eurochambres-Präsident gewählt. Entscheidend war, dass ich meine Überlegungen zur Zukunft der Europäischen Wirtschaftskammer und welche Rolle sie wie spielen sollte, mit Begeisterung vortrug und Aufbruchstimmung verbreiten konnte.

Nach meiner Wahl lud ich den irischen Kollegen sofort ein, das Amt des Stellvertreters zu übernehmen. Aber er war bitter beleidigt und tief enttäuscht von jenen, die ihm ihre Unterstützung zugesagt, dann aber die Seiten gewechselt hatten. Bei mir bedankte er sich für den fairen Wettkampf und mein Angebot, ihn weiter einbinden zu wollen. Dann packte er seine Tasche und reiste umgehend ab.

Ich übernahm mit diesem Tag die Aufgabe, die größte wirtschaftliche Interessenvertretung Europas zu führen, um den Standort Europa für Investoren attraktiver zu machen und bessere Rahmenbedingungen vor allem für kleinere und mittlere Unternehmen zu schaffen. Auch wollte ich die österreichische Einrichtung der Sozialpartnerschaft auf europäischer Ebene wirksamer machen. Mein Gegenüber auf Arbeitnehmerseite war mir kein Unbekannter: ÖGB-Chef Fritz Verzetnitsch war damals der Vorsitzende im Europäischen Gewerkschaftsbund. Eine gute Gelegenheit, Teile des Erfolgsmodells der österreichischen Sozialpartnerschaft auch in eine europäische Sozialpartnerschaft zu transferieren. Und der Europäischen Union damit zu helfen, das von ihr angestrebte »Sozialmodell Europa« zu verwirklichen.

WURZELBEHANDLUNG GEGEN TERROR UND KRIEG

Als ich von dieser Wahl nach Hause fuhr, hörte ich im Radio, dass ein Flugzeug in einen der beiden Twin Towers gecrasht sei. Zunächst dachte ich wie die meisten an einen schweren Unfall. Als kurz darauf die Meldung kam, ein anderes Flugzeug sei in den zweiten Turm geflogen, war mir klar, das ist Terrorismus. Der Schock war tief. Dieser Terroranschlag hat unglaublich dramatisch vor Augen geführt, wie sehr der »Clash of Cultures«, das Unverständnis zwischen den Kulturen und Zivilisationen, der mangelnde gegenseitige Respekt und die Unversöhnlichkeit unsere Zeit prägen.

Um der Konflikt- und Kriegsspirale zu entkommen, ist eine gründliche »Wurzelbehandlung« dringend nötig. Wo liegen die Wurzeln des heutigen Hasses, worin bestehen seine Ursachen, und wie können wir ihnen anhaltend beikommen? Solange diese Fragen nicht offen gestellt und beantwortet werden, wird sich die Kriegsspirale weiterdrehen. Gerade die Europäische Union hätte hier eine Vermittlerrolle einzunehmen. Und sie hätten guten Grund, denn die Unterstützung der betroffenen Menschen wäre ihr sicher. Ein Mann aus Palästina, dem ich im Rahmen einer privaten Reise nach Israel und Palästina begegnet war, äußerte sich unmissverständlich: »Ich habe nur einen Wunsch. Ich möchte einmal in der Früh aufwachen, den Fernseher andrehen und hören, es ist Friede bei uns. Wir würden uns so gut ergänzen: israelische Innovationen und junge, engagierte, arbeits- und lernwillige Leute auf der palästinensischen Seite. Warum bringen wir das nicht zusammen? Warum Krieg? Warum Hass?« Wer könnte diese Frage beantworten, ich konnte es nicht.

Dieser Klage, dieser Frage ist nach der Eskalation des Konflikts in Israel und Palästina nichts hinzuzufügen. Vor allem Europa mit seinen historischen Konflikterfahrungen, aber auch anschließenden Friedenslösungen ist aufgefordert, Antworten zu geben.

Eine Woche nach 9/11 bin ich mit Bundespräsident Thomas Klestil auf Staatsbesuch in den Iran gereist. Für diese Reise zu diesem Zeitpunkt hagelte es Kritik und Bedenken. Ich gehörte zu denen, die an dieser Reise jedoch festhielten. Gerade in dieser sensiblen Situation hielt ich es für besonders wichtig, die Gesprächskanäle offen zu halten. Im Rahmen einer anderen Reise nach Saudi-Arabien bin ich einmal mit dem Bruder von Osama bin Laden zusammengetroffen. Er war ein bürgerlicher Bauunternehmer und erklärte, dass er und seine Familie sich für den missratenen Bruder genierten. Fazit: Mit Schwarz-Weiß-Denken kommt man nicht weiter. Sich mit jenen zu verbünden, die zur Zusammenarbeit bereit sind, schon.

EUROPA IN DER GELDBÖRSE

Am 1. Jänner 2002 wurden Euro-Banknoten und -Münzen in zwölf EU-Ländern als gesetzliches Zahlungsmittel eingeführt. Die von uns bereits 1968 auf der Europaburg Neumarkt in der Steiermark geborene Idee war nach gut drei Jahrzehnten in den Geldbörsen von Millionen Europäerinnen und Europäern angekommen.

Der Euro war aber immer mehr als »nur« Geld. Er war von allem Anfang an als Vehikel für eine stärkere Einigung Europas gedacht, als eine Art währungspolitisches Band, das die Europäer sowohl ideell stärker miteinander verknüpft als auch wirtschafts- und fiskalpolitisch aneinanderbindet. Das ist teilweise gelungen, weil der Euro im Rahmen des Stabilitäts- und Wachstumspakts eine gewisse disziplinierende Wirkung ausübt. Die nach wie vor existierenden

Mängel hängen mit der Grundkonstruktion des Euro zusammen. Üblicherweise folgt eine Währung einer gemeinsamen Wirtschafts- und Finanzpolitik. Hier wurde der Gaul leider von hinten aufgezäumt, wie bereits beschrieben. Der Euro war die Bedingung Frankreichs, der Wiedervereinigung Deutschlands zuzustimmen. Der deutsche Bundeskanzler Kohl wusste um die nicht ganz risikofreie Konstellation, setzte aber darauf, dass die Wirtschaftspolitik der Euro-Staaten der gemeinsamen Währungspolitik folgen werde. In der Rückschau zeigt sich, dass er in dieser Angelegenheit etwas zu optimistisch war. Und es klingt zwar hart, aber anscheinend bedurfte es der Banken- und Euro-Krisen, um hier eine Bewusstseinsänderung dahingehend in Gang zu setzen, dass man in einem gemeinsamen Währungsraum nicht mehr ohne Konsequenzen gegen wirtschaftspolitische Stabilitätsvorgaben verstoßen darf. Die bitterste Lektion, was passiert, wenn man sich im Übermaß verschuldet, bekam Griechenland erteilt. Um aus dem Finanzkrisenstrudel wieder rauszukommen, erduldete die Bevölkerung einen äußerst schmerzhaften Konsolidierungsprozess während der 2010er-Jahre. Heute ist Griechenland aber erfreulicherweise wieder in einer konsolidierten Lage.

Bei der Euro-Bargeldeinführung am Neujahrstag 2002 war Romano Prodi, der damalige Präsident der Europäischen Kommission, in Wien und warb mit folgenden Worten für die neue Währung: »Der Euro ist Ihr Geld, er ist unser Geld. Er ist unsere Zukunft. Er ist ein Stück Europa in unseren Händen.« Ich bin ebenfalls überzeugt, dass man den integrativen, grenzüberschreitenden Charakter dieser Währung und ihren symbolischen Wert nicht hoch genug einschätzen kann. So wie die Amerikaner ihren US-Dollar haben, so ist es wichtig, dass wir Europäerinnen und Europäer mit unserem Euro in der Währungswelt Flagge zeigen und vor allem damit auch grenzüberschreitend bezahlen können.

Der Euro ist heute in vielen Nicht-Euro-Mitgliedsländern das Zweitzahlungsmittel. Einen Kaffee in Stockholm oder Kopenhagen kann man ohne Probleme mit Euro bezahlen. Bei einem der Staatsbesuche in China haben sich die Chinesen uns gegenüber auch über die amerikanische Dollar-Dominanz auf dem Währungssektor beschwert. Ich fragte unsere Gesprächspartner daraufhin: Warum wickelt ihr nicht mehr Geschäfte in Euro ab? Und warum haltet ihr keine Devisenreserven in Euro? Interessanterweise hat China in der Folge genau das gemacht. Der Euro ist heute die zweitwichtigste Währung der Welt.

Nach meinem Gastvortrag an der Universität in Princeton (New Jersey) wurde ich gefragt, ob der Euro beabsichtige, den Dollar zu entthronen. Meine Antwort: Nein, nicht entthronen, aber der US-Dollar wird seinen Thron teilen müssen. Ein lustiges Erlebnis dazu habe ich in Boston anlässlich eines Besuchs beim Massachusetts Institute of Technology erlebt. Bei einer der in den USA üblichen Morning-Shows fragte mich ein Reporter, ob ich mir nicht um den Euro Sorgen mache. Meine Antwort: Selbstverständlich! Aber noch mehr Sorgen mache ich mir um den Dollar. Auf die verwunderte Frage des Interviewers, warum denn das so sei, meinte ich, er solle sich die Austauschrelation der beiden Währungen ansehen und mir dann sagen, welche die stärkere und welche die schwächere Währung ist. Darauf wechselte der Journalist das Thema. Wir alle können stolz sein, dass unsere gemeinsame Währung trotz vieler negativer Prophezeiungen ein Erfolg geworden ist und sich auch in kritischen Situationen bewährt hat. Um dies auch in Zukunft so zu halten, müssen jedoch weitere gemeinsame Abstimmungen der Euro-Mitgliedsländer in der Wirtschafts- und Fiskalpolitik erfolgen.

Apropos Princeton und Boston: Bei meinen Außenwirtschaftsreisen habe ich immer versucht, an den örtlichen Universitäten Gastvorträge zu halten, um in allen Teilen der Welt Österreich und Europa zu präsentieren und stärker ins Bewusstsein zu bringen.

MEHRSPRACHIGER EURO ALS IDENTITÄTSSTIFTER

Die auf den Vorderseiten der Euro-Banknoten abgebildeten Fenster und Tore stehen für den europäischen Geist der Offenheit; die Brücken auf den Rückseiten symbolisieren die Zusammenarbeit zwischen den Völkern Europas und mit der übrigen Welt. Die Bilderwelt der Geldscheine ist so stimmig, dass wir mit jedem Bezahlvorgang auch zum Symbolhaushalt unserer Union beitragen.

Mittlerweile steht die Bezeichnung Euro auch in kyrillischer Schrift (EBPO) auf den Banknoten. Der EU-Beitritt Bulgariens machte diese Ergänzung notwendig. Gemäß dem Maastricht-Vertrag müssen alle EU-Staaten den Euro einführen, sobald sie die Kriterien erfüllen – Ausnahmen gelten für Dänemark und Schweden (und vormals Großbritannien). Trotz kyrillischer Aufschrift hängt Bulgarien noch in der Warteschleife für die Eurozone. Doch der Euro-Klub baut vor, an den Banknoten scheitern Euro-Erweiterungen in den kyrillischen Sprachraum nicht.

Seit 1. Jänner 2023 ist Kroatien als bis dato letztes Land Mitglied der Eurozone geworden. Die ist damit von anfangs zwölf auf mittlerweile zwanzig Länder angewachsen. Insgesamt benützen jedoch bereits über vierzig Länder den Euro oder haben ihre Währung an den Euro gekoppelt. In Kontinentaleuropa haben die Nicht-EU-Staaten Andorra, Kosovo, Monaco, Montenegro, San Marino und Vatikanstadt den Euro als Zahlungsmittel eingeführt. Eigene Euro-Münzen prägen dürfen außerhalb der Währungsunion Monaco, San Marino und der Vatikan – ein gutes Geschäft für diese Kleinstaatenrunde.

Somit zahlen heute über 340 Millionen Menschen mit Euro und machen ihn damit zur weltweit am zweithäufigsten verwendeten Währung. »Damit teilen sie etwas Alltägliches. Das stiftet Identität«, kommentierte die damalige deutsche Bundeskanzlerin Angela Merkel bei einem Festakt im Jahr 2008 anlässlich eines Jubiläums der Europäischen Zentralbank diese Entwicklung: »So ist der Euro auch Symbol und Motor des Zusammenwachsens und Zusammenlebens in Europa.«

LICHT UND SCHATTEN DER OSTERWEITERUNG

Am 1. Mai 2004, fast vierzehn Jahre nach dem Zusammenbruch des Ostblocks, wird der Ostflügel Europas endgültig mit dem Westflügel zusammengeschlossen. Der Begriff EU-Osterweiterung greift insofern zu kurz, als es neben den acht mittel- und osteuropäischen Ländern Estland, Lettland, Litauen, Polen, Slowakei, Slowenien, Tschechien und Ungarn mit dem Beitritt von Zypern und Malta auch zu einer Süderweiterung kommt. Am 1. Jänner 2007 werden Bulgarien und Rumänien aufgenommen, 2013 folgt Kroatien. Die EU erreichte mit 28 Staaten ihre bislang höchste Mitgliederzahl, mit dem Brexit ist sie auf 27 zurückgegangen.

Wie an anderer Stelle bereits geschrieben war ich ein Verfechter, den ehemaligen Staaten des Ostblocks so schnell wie möglich einen EU-Beitritt und die zu dessen Umsetzung notwendige Unterstützung zugutekommen zu lassen. Nichtsdestotrotz mischt sich in meine Freude über diesen gelungenen EU-Ausbau auch die Sorge über die zwei dabei noch offen gebliebenen Baustellen:

Erstens hat diese rasche Erweiterung zu Enttäuschungen in der Türkei und den Ländern des Westbalkans geführt, die sich in die zweite Reihe zurückversetzt sahen. Die Türkei ist seit Abschluss des Ankara-Abkommens 1963 Beitrittskandidat. Bei einer Diskussion mit jungen Türkinnen und Türken an der Istanbul University School of Business wurde ich gefragt, was wir, die Europäer gegen sie, gegen die Türkei haben. Ich antwortete ihnen, dass wir gar nichts gegen sie bzw. die Türkei hätten. Im Gegenteil. Die EU brauche aber noch Zeit, die letzte große Erweiterung, die uns mit dem Fall des Eisernen Vorhangs ungeplant »dazwischengekommen« ist, institutionell zu verdauen. Aber, so setzte ich meine Argumentation fort, auch die Türkei brauche noch Zeit. Sie müsse sich innerlich finden und weiterentwickeln. Reden wir in zehn Jahren weiter, da könnte unsere gemeinsame Welt vielleicht schon anders aussehen.

Ständige Erweiterungen nach außen ohne Konsolidierung und Reformen im Inneren funktionieren nicht. Diese Logik ignorierend, hat die Europäische Gemeinschaft mit dem Beitrittsversprechen 1963 eine Erwartung erzeugt, die nicht erfüllt werden kann, und daher einen großen Fehler begangen. Leere Versprechungen sind das Schlimmste im Leben eines Menschen, in der Politik ist es genauso. Um die Situation zu lösen, schlug ich vor, einen Plan B zu entwickeln, den ich nach wie vor als ein geeignetes Szenario für das Verhältnis EU-Türkei halte.

Anstatt lediglich in den Kategorien Beitritt oder Nicht-Beitritt zu denken, wäre ein Stufenplan zu überlegen, den man als eine Art Beitrittsleiter beschreiben kann, auf der die Türkei Sprosse für Sprosse in Richtung Mitgliedschaft emporsteigt. Ein modernisiertes Zollabkommen könnte etwa eine erste Sprosse sein. Die Türkei ist mit einem Handelsvolumen von 100 Milliarden Euro mit der EU und einem EU-Investitionsvolumen in der Türkei von 80 Milliarden Euro verbunden. Daher wäre sie ein aussichtsreicher Wirtschaftspartner für die EU und umgekehrt. Wird in dieser Phase auf der Vollmitgliedschaft beharrt, blockiert das eine ganze Reihe von Möglichkeiten des Austauschs und der Zusammenarbeit. Ein einfaches und schnelles Signal der Kooperation wären Erleichterungen bei der Visa-Erteilung. Das sind kleine, aber symbolisch wichtige und inhaltlich wertvolle Schritte, die man ab sofort zwischen Brüssel und Ankara vereinbaren und umsetzen könnte. Schritt für Schritt, Sprosse für Sprosse!

Ähnliches gilt für den Westbalkan, für die Ukraine und für Großbritannien, das gerade nach dem Brexit wieder so stark wie möglich sowohl in den Europäischen Wirtschaftsraum als auch in die gemeinsame Sicherheitsarchitektur eingebunden gehört. Das stärkt das gemeinsame Europa und löst manche Probleme für die Briten.

VERFASSUNG OHNE KRAFT

Die zweite offene Baustelle, die seit der Osterweiterung trotz mehrerer Anläufe bis heute nicht befriedigend fertiggestellt werden konnte, betrifft das EU-Institutionengefüge und die dahinter stehende noch grundlegendere Frage nach der Verfasstheit der Europäischen Union. Nach dem Zustandekommen der EU-Grundrechtecharta im Jahr 2000 war man guter Dinge, dass der in den Jahren 2002 und 2003 eingesetzte Verfassungskonvent einen Vertrag über eine Verfassung für Europa auf den Weg bringen würde. Das gelang zur Überraschung vieler tatsächlich. Dieser Verfassungsvertrag wurde nach Annahme mit überwältigender Mehrheit im Europaparlament auch noch am 29. Oktober 2004 in Rom von den Staats- und Regierungschefs der EU-Mitgliedstaaten feierlich unterzeichnet. Anstatt 2006 in Kraft zu treten, erfuhr die EU-Verfassung jedoch bei Referenden in Frankreich und den Niederlanden eine Absage, konnte daraufhin in diesen beiden Ländern nicht ratifiziert werden und erlangte damit in ganz Europa keine Rechtskraft.

Daraufhin wurde 2007 der Vertrag von Lissabon aus dem Hut gezaubert und als Notnagel eingeschlagen, an dem die Verfasstheit der EU bis heute hängt. Zahlreiche notwendige Vertragsänderungen, um die EU an ihre heutige und eine künftig noch größere Mitgliederzahl anzupassen, hängen seither in der Luft. Um in dieser Frage wieder Boden unter die Füße zu bekommen, sollte die Konferenz zur Zukunft Europas von 2020 bis 2022 unter Einschluss der europäischen Zivilgesellschaft ausreichend Druck erzeugen, um einen neuen Europäischen Konvent einberufen und die Reformvorschläge in Form von Vertragsänderungen umsetzen zu können. Das Europäische Parlament schloss sich dieser Forderung an; die Entscheidung liegt jedoch nach wie vor beim Rat, der das Thema vor sich herschiebt.

VORBILD SCHWEIZ

Dass der Rat, als Vertretung der Mitgliedstaaten, nicht uneingeschränkt für die Abschaffung der Einstimmigkeit eintreten will, liegt auf der Hand. Da beißt sich aber der EU-Hund in den Schwanz. Wir haben es bei der Abstimmung über den Verfassungsvertrag gesehen: Negative Abstimmungen in zwei der damals 25 Länder Europas brachten die Gesetzesmühle zum Stillstand. Als weiteres demokratiepolitisches Manko kommt noch dazu, dass in diesen beiden Referenden in Frankreich und den Niederlanden ja primär nicht der EU-Verfassung eine Abfuhr erhielt, sondern diese Abstimmungen zu Denkzettelwahlen gegen die jeweilige Regierung genutzt oder besser gesagt missbraucht wurden. Da muss man sich fragen, ob derartige Instrumente wie nationale Referenden über europäische Fragen, die sich in der Praxis als nachweislich destruktiv erwiesen haben, weiterhin sinnvoll sind.

Schaut man in die demokratische Praxis verschiedener Staaten, kommt man auf andere Lösungen und Modelle: zum Beispiel, dass über europäische Themen an einem Tag und europaweit abgestimmt wird. Dabei möge sich die EU ein Beispiel an der Schweiz, dem europäischen Musterland direkter Demokratie, nehmen. So wie in der Eidgenossenschaft die Mehrheit der Stimmen und die Mehrheit der

Kantone gezählt wird, sollten auch in der EU die Mehrheit der Stimmen und die Mehrheit der Länder in den bereits genannten wichtigen Fragen der Wirtschafts- und Fiskalpolitik sowie der Außen- und Sicherheitspolitik den Ausschlag geben. Dann wären solche wichtigen europäischen Materien einzelnen nationalen Befindlichkeiten enthoben, und das europäische Anliegen könnte stärker in den Fokus rücken.

LEHMAN BROTHERS FÄLLT, UND EUROPA ZAHLT DIE RECHNUNG

Eine Woche bevor die US-amerikanische Investmentbank Lehman Brothers am 15. September 2008 infolge der Finanzkrise Insolvenz beantragte, war ich mit dem damaligen Sozialminister Rudolf Hundstorfer in New York. Wir haben dort gemeinsam mit dem UN-Generalsekretär Ban Ki-moon eine »Weltsozialpartnerschaft« initiiert. Damals waren schon die ersten bedrohlichen finanzpolitischen Wellen spürbar, aber die amerikanischen Experten von der New Yorker Börse stellten die Probleme zwar nicht in Abrede, waren aber zuversichtlich, wie es amerikanische Art ist: »Yes, we have problems but we will solve them!« Mit dieser Einschätzung waren sie wohl allzu optimistisch. Als wir wieder in Österreich waren, rollten diese Schockwellen des Finanzsektors schon auf uns zu. Es war klar, dass dies gewaltige Erschütterungen mit sich bringen würde.

Die erste Phase der Finanzkrise zeigte die Wichtigkeit der Zusammenarbeit von Europäischer Zentralbank, EU-Kommission, EU-Parlament und den EU-Regierungen. Ansonsten hätte es finster ausgesehen mit der Bewältigung dieser Krise. Drei Maßnahmen hatten für mich absolute Priorität: die Liquidität der Unternehmen sichern, den Geldkreislauf aufrechtzuerhalten und das Vertrauen aller Beteiligten zu erhöhen.

Was viele schon vergessen haben: Auch Österreich war in Gefahr, in seiner Bonität massiv herabgestuft zu werden, weil unsere intensiven wirtschaftlichen Verbindungen zu Mittel- und Osteuropa uns den Begriff »pleitegefährdet« eingebracht hatten. Hätte Österreich damals nicht den Euro, sondern noch den Schilling als Währung gehabt, wäre unser Land in schwerste Turbulenzen geraten. Internationale Spekulanten hätten uns massiv attackiert. Die Eingebundenheit in den Euro hat uns jedoch gerettet.

Meine Forderung nach einer europäischen Ratingagentur, die auch ich bereits Anfang 2019 in die Diskussion einbrachte, wurde zwar nicht in der erforderlichen Geschwindigkeit, aber zumindest bis in den Sommer 2022 umgesetzt. Denn auf die amerikanischen Ratingagenturen wäre kein Verlass. Diese hatten Lehman Brothers noch fünf Tage vor deren Insolvenz eine Bestnote ausgestellt und danach die ost- und mitteleuropäischen Länder in Grund und Boden gerankt. Mit einer europäischen Ratingagentur könnte man eine derartige Unverhältnismäßigkeit und Parteilichkeit ausschließen.

Um den Kreditsektor widerstandsfähiger gegen Krisen zu machen, wurde ein Regulativ für Kreditvergaben entwickelt, das sogenannte Basel-II-Regime. Als Präsident der Europäischen Wirtschaftskammer erörterte ich das mit dem amerikanischen Chefverhandler, dem Chef der Federal Reserve Bank of New York, William J. McDonough. Dieser konnte meinen Argumenten für erleichterte Kreditvergaben für Klein- und Mittelbetriebe viel abgewinnen, und es kam zu einer Einigung, aber nicht ganz. Denn die Amerikaner hatten sich kurz vor der Finalisierung aus den regulatorischen Verpflichtungen zurückgezogen, während Europa aber dabeiblieb. Die Folge: In den USA sind nur circa zwanzig international tätige Kreditinstitute mit Vergaberegelungen befasst, allein in Österreich sind es über tausend, weil jede kleine Bankfiliale dazu verpflichtet ist. Was für eine unnötige Überbürokratisierung! Dies ist auch ein gutes Beispiel für das von mir immer vertretene Prinzip der Proportionalität: Man soll von kleinen Einheiten nicht das Gleiche verlangen wie von großen, insbesondere was Vorschriften sowie deren Kontrolle und Sanktionen betrifft.

Ebenfalls wesentlich war mir immer, dass nicht nur die Realwirtschaft Steuern und Abgaben zahlt, sondern auch die hochspekulative Finanzwirtschaft. Hier werden per Knopfdruck Milliarden an Geldvermögen transferiert, ohne Steuern zu bezahlen, während beim Verkauf einer Wurstsemmel selbstverständlich Mehrwertsteuer abzuführen ist. Eine weltweite Finanztransaktionssteuer war mein Ziel, und Europa sollte damit beginnen. Als Experte war ich dazu im Deutschen Bundestag eingeladen und konnte mit meinen Argumenten die Deutschen überzeugen. Das Problem: Die Deutschen reden sich auf die Engländer raus, die Engländer auf die Amerikaner, und so bewegt man sich im Kreis, anstatt vorwärtszukommen. Wie wichtig wäre hier eine allgemeine Vereinbarung auf der G20-Basis. Würden alle diese großen und wirtschaftlich bedeutendsten Länder der Welt einer solchen Regelung zustimmen, wäre es rasch getan. Dass dieses Thema nunmehr wieder im Gespräch ist, lässt hoffen, wobei sich eine solche Steuer auf das Finanzspekulationswesen beziehen sollte und nicht bloß auf eine Mindestbesteuerung von Unternehmungen. Das internationale Finanzsystem hat ein Volumen, das hundertmal so groß ist wie das der Realwirtschaft. Allerdings hat das internationale Finanzsystem eine unheimlich starke Lobby im Hintergrund mit massivem politischem Einfluss. Wieder einmal muss ich an Sisyphus denken, vielleicht gelingt es doch, dass dieser Stein einmal oben bleibt.

KAPITEL 7

2010 BIS 2019:
EUROPA-DOMINO

Während die Welt am Rande eines finanziellen Kollapses stand, feierte ich 2009 die Geburt meiner ersten Enkeltochter Antonia, der 2012 ihre Schwester Theresa folgte. Nicht zuletzt auch dieses freudige Ereignis hat meinen Sinn für unsere Verantwortung gegenüber der übernächsten Generation geschärft. Für mich als Großvater hieß das, in meinen offiziellen Funktionen alles zu tun, um auf der europäischen Ebene eine konstruktive Lösung auch dieser ungeheuren finanzpolitischen Herausforderungen zu unterstützen.

Die durch die Lehmann-Insolvenz ausgelöste Weltfinanzkrise 2008 setzte sich im darauffolgenden Jahrzehnt in einem europäischen Dominoeffekt fort. Im Unterschied zu den Mauerfällen zwanzig Jahre davor fielen dieses Mal aber finanzwirtschaftliche und -politische Brandmauern in der Europäischen Währungsunion in sich zusammen und lösten Staatsschuldenkrisen, Bankenkrisen und Wirtschaftskrisen aus.

In Griechenland hatte Anfang 2015, am Höhepunkt der griechischen Schuldenkrise, eine Koalition der Linken (SYRIZA) mit der rechtspopulistischen Griechenpartei (ANEL) die Regierungsgeschäfte übernommen. Im Wahlkampf davor hatte diese noch gewettert, Griechenland sei von der EU und den Banken besetzt. Letztlich ist Ministerpräsident Alexis Tsipras aber über seinen ideologischen Schatten gesprungen. Schließlich hat diese Links-Rechts-Koalition in konstruktiver Zusammenarbeit mit der Troika aus EU-Kommission, Europäischer Zentralbank und Internationalem Währungsfonds Griechenland gerettet. In der Not, und damals stand es um Griechenlands Zukunft im Euro Spitz auf Knopf, lernt man augenscheinlich zusammenzuhalten. Ein Spiegelbild für Europa: Immer, wenn die Not groß war, ist man zusammengerückt und hat Fortschritte erzielt. Während davor gezögert und gezaudert wurde und nichts zustande gekommen ist, auch wenn die Vernunft bereits hundertmal in diese Richtung gewiesen hat. Das ist charakteristisch für das europäische Einigungsmodell. Not führt weiter, nicht Vernunft. Leider.

Interessant ist dabei die Wandlung der Populisten. Das Griechenland-Beispiel zeigt es deutlich, wie übertragene Verantwortung verändert, wie auch in der Geschichte von Mitterrands Regierungsbeteiligung der Kommunisten geschehen. Ebenso, um ein Beispiel aus der Gegenwart heranzuziehen, verhält es sich mit der Regierungsführung der italienischen Ministerpräsidentin Giorgia Meloni. Die Neofaschistin hat eine pragmatische Wandlung Richtung Europa vollzogen und bisher kein einziges Mal die Veto-Keule für ihr Land eingesetzt. Wenn man daraus ableiten kann, dass Verantwortung auch einstellungsverändernd wirkt oder zumindest auf einen pragmatischen Weg führt, ist das ein Grund, zu überlegen, wo die Linie zwischen Ausgrenzung und Einbindung zu ziehen ist.

EUROPAS DRAGHI-MOMENT:
»WHATEVER IT TAKES …«

Mario Draghi, der ehemalige Präsident der Europäischen Zentralbank, sagte in freier Rede am 26. Juli 2012 auf der Global Investment Conference im Lancaster House in London: »Within our mandate, the ECB is ready to do whatever it takes to preserve the Euro. And believe me, it will be enough.« Auf Deutsch: »Im Rahmen unseres Mandats ist die EZB bereit, alles Notwendige zu tun, um den Euro zu erhalten. Und glauben Sie mir, es wird genug sein.«

Was für ein Augenblick! Die Zusicherung »whatever it takes …«, was immer notwendig ist, war der entscheidende Impuls, mit dem Draghi die durch die Eurokrise verunsicherten Finanzmärkte beruhigte und durch die Krise aufgestachelten Börse-Spekulanten und Hasardeuren die Rute des Zusammenhalts innerhalb der Eurozone ins Fenster stellte. Das Beispiel zeigt, welche Kraft Europa entwickeln kann, welchen Respekt es auslöst, auf welches Gehör Europa stößt, wenn es gemeinsam und entschlossen auftritt. »Whatever it takes …« – ich würde mir wünschen, dass Europa öfter dieses Selbstverständnis entwickeln und damit nach innen einig und nach außen stark auftreten würde.

DAS MODELL SOZIALPARTNERSCHAFT

Das soziale Lebensmodell Europas ist für mich ein sozial-partnerschaftliches. An der Basis muss die betriebliche Partnerschaft stehen, das bedeutet: schlechte Zeiten miteinander durchstehen und in guten Zeiten teilen. In Form von Mitarbeiterbeteiligung, Erfolgsbeteiligung oder Gewinnbeteiligung. Partnerschaft zu leben, habe ich immer versucht: in unserem Unternehmen, in der Landespolitik und erst recht in der Wirtschaftskammer, einem wichtigen Motor der Sozialpartnerschaft in Österreich.

Als Eurochambres-Präsident war es mein Anliegen, Teile dieses österreichischen Modells auf die europäische Ebene zu heben. Manches ist geglückt, manches blieb Stückwerk. Denn verankert ist das sozialpartnerschaftliche Modell institutionell im Wirtschafts- und Sozialausschuss. Ich habe immer wieder gefordert, dass sich diese wichtige Einrichtung gerade in Fragen, die Betriebe und Arbeitnehmer betreffen, stärker in die Entscheidungen einbringt. Zum Beispiel in der Bildungspolitik oder bei den Veränderungen und Umbrüchen durch die neuen Technologien samt ihren wirtschaftlichen und sozialen Folgen.

Die zweite tragende Säule neben der sozialpartnerschaftlichen ist jene der Regionalität in der EU, die durch den Ausschuss der Regionen vertreten ist. Die Kraft Europas und zugleich der große Unterschied zu anderen Kontinenten ist die Vielfalt, Kreativität und Identität in den Gemeinden und Regionen. Von dieser Basis der europäischen Pyramide gehen Initiativen und Impulse aus, um die uns die Welt beneidet.

In dieser sozialen und regionalen Ausrichtung der Union sehe ich auch die drei Grundprinzipien der christlichen Soziallehre verwirklicht: Das Solidaritätsprinzip ist das Miteinander in der Sozialpartnerschaft, aber auch im finanziellen Ausgleich zwischen reichen und ärmeren Regionen. Das Prinzip der Personalität zeigt sich in den einzelnen Begabungen der Individuen, die es zu fördern gilt, damit diese Begabungen von jedem selbst, aber auch für die Gesellschaft genützt werden können. Und drittens das Subsidiaritätsprinzip, dass in den Regionen die kreativen und innovativen Kooperationen entstehen und wachsen. Dass hier der Mensch sein Umfeld erlebt und gestaltet. Und dass ausgehend von den Regionen über die einzelnen Staaten bis hinauf auf die EU-Ebene die jeweils am sinnvollsten angesiedelten Politikbereiche gesetzlich und administrativ geregelt werden. Das ist der strukturelle Kern Europas. Konkret hieße das etwa: Eine Vogelschutz-Richtlinie wäre beispielsweise besser regional aufgehoben als in Brüssel. Hingegen ist es effektiver, beispielsweise die Verteidigungspolitik auf der EU-Ebene anzusiedeln.

NICHT NUR REDEN, SONDERN HANDELN

Oft werde ich gefragt, warum die Europäische Union zwar eine erfolgreiche Wirtschaftsunion ist, aber keine Sozialunion. Meine Antwort: weil die Mitgliedsländer viele wichtige Fragen der Wirtschafts- und auch Landwirtschaftspolitik an die EU delegiert haben, was im Sozialbereich nur sehr marginal der Fall war. Das muss allerdings nicht so bleiben. Ich sehe beispielsweise ein breites Feld im Bereich des Sozialversicherungswesens, wo europäische Regelungen sehr viel Sinn ergeben würden. Ich sehe einen großen Aktivitätsspielraum im Bereich der Bildung. Zum Beispiel in der Kombination von schulischer und beruflicher Ausbildung, wie das die Kammerpräsidentin Doris Hummer in Oberösterreich mit der »Dualen Akademie« erfolgreich vormacht. Und ich sehe auch ein großes mögliches Aktivitätsfeld im Bereich einer besseren Koordination in Fragen der Gesundheit.

Die Corona-Pandemie lieferte dafür anschauliches und abschreckendes Beweismaterial. Die EU-Kommission drängte von Anfang der Pandemie an auf ein koordiniertes Vorgehen. Die Nationalstaaten lehnten ab und versuchten auf eigene Faust, mit Alleingängen und Grenzabschottungen das Heft so lange wie möglich nicht aus der Hand zu geben. Der Effekt war ein Tohuwabohu, gefolgt von Beschwerden an Brüssel, die Europäische Union tue nichts. Anstatt gegenseitige Schuldzuweisungen zu verteilen, möge man sich mit einer Koordinationskompetenz für die Europäische Union in Krisenfällen beschäftigen. Diese meine Forderung hat nichts an Aktualität verloren.

NATIONALE REFLEXE VERHINDERN

Um diesen europäischen Antrieb geht es mir in meinen Beiträgen in den verschiedenen Organisationen, denen ich vorstehe und mithilfe derer wir EU-Sisyphusse versuchen, den einen oder anderen Stein zur Weiterentwicklung des gemeinsamen Europas ganz oben in der Umsetzungspyramide zu verankern. Dazu gehört die Europäische Bewegung

Österreich (EBÖ), der ich als Präsident vorstehen darf. Die EBÖ ist ein überparteilicher Zusammenschluss von Verbänden, Vereinen, Institutionen und sonstigen Einrichtungen mit einer proeuropäischen Ausrichtung. Zu unseren Kernaufgaben zählen, den Europagedanken zu fördern, das europäische Bewusstsein zu stärken, bei allem guten Patriotismus nationale Reflexe zu verhindern und die EU weiter zu reformieren. Als EBÖ sind wir Teil der Europäischen Bewegung International mit Sitz in Brüssel, des größten und ältesten proeuropäischen zivilgesellschaftlichen Netzwerkes in Europa. Unser gemeinsames Ziel ist ein starkes Europa, das agiert, nicht reagiert – nach innen wie auch auf der Weltbühne.

Das beschreibt auch meine Funktion als Vorsitzender der Global Chamber Platform (GCP). Diese ist ein Spiegelbild der G20 auf wirtschaftlicher Ebene, eine informelle Plattform der wesentlichen Kammerorganisationen weltweit, mit rund hundert Millionen Unternehmen, die eine Milliarde Mitarbeiterinnen und Mitarbeiter auf dem ganzen Globus beschäftigen. In Zeiten, in denen Konflikte dominieren und Konsens dringend gesucht wird, sollte man derartige Foren nicht geringschätzen. Abseits der Politik funktioniert dort die internationale Kooperation. Die Wirtschaft zeigt sich da als konstruktives und stabilisierendes Element.

Wenn die Politik mit ihrem Latein am Ende ist, greift sie gerne zu wirtschaftlichen Sanktionen, die zwar verlässlich Schaden anrichten, aber selten den gewünschten politischen Erfolg zeitigen.

Freundschaftliche Beziehungen mit allen anderen Teilen der Welt zu haben, die eigenen Werte zu leben, ohne sie anderen aufzudrängen, eine Toleranz zwischen Kulturen und Religionen zu vermitteln und damit ein Stück zu einer friedlicheren Welt beizutragen sollte die Bestimmung Europas sein. Ein starkes und einiges Europa könnte Kriege vermeiden oder beenden, in der Klimapolitik führend sein sowie Wirtschafts- und Wohlstandskrisen besser zu bewältigen helfen. Extremisten oder Terroristen würden dann weniger geeigneten Boden für ihre Ideologien und Gewalttaten vorfinden.

Auch der European Business Circle (EBC), den ich im Begriff bin aufzubauen, soll hier eine Rolle bei der Stärkung des Mittelstandes in Europa spielen. Einige mittelständische Unternehmen aus Österreich haben sich zusammengetan, um in Brüssel ein Netzwerk zu etablieren, das sich als standortorientierte Nichtregierungsorganisation (NGO) versteht. Drei Prioritäten stehen dabei im Vordergrund: Technologieoffenheit und Innovationsförderung, die laufende Qualifikation der Menschen und eine massive Reduktion der unerträglich ausufernden Bürokratie. Beispiel: Allein das Lieferkettengesetz ist eine bürokratische Bedrohung ersten Ranges und steht völlig im Gegensatz zu den von der Kommissionspräsidentin Ursula von der Leyen versprochenen minus 25 Prozent bei den Berichts- und Dokumentationspflichten der Unternehmungen. Versprechen sind einzuhalten. Daher denke ich an eine Verweigerung von zusätzlichen bürokratischen Lasten vor allem bei kleinen und mittleren Unternehmen. Darüber hinaus wälze ich Pläne für eine europäische Bürgerinitiative gegen eine oft ausufernde und lähmende Bürokratie in allen Bereichen unserer Gesellschaft. Ärzte in Krankenhäusern, Lehrer in den Schulen oder Kunden bei der Abwicklung von Bankgeschäften können ein Lied davon singen.

Auf der EU-Ebene gibt es eine Fülle von finanziell hervorragend ausgestatteten NGOs, die sehr konsequent ihre Forderungen und Wünsche in den Bereichen Umwelt, Klima oder Soziales und vieles mehr einbringen. Aber bis dato massiv unterentwickelt sind Forderungen nach der Standortsicherheit von Unternehmungen. Viel zu wenige fragen nach der Finanzierbarkeit oder Praktikabilität dieser oder jener politischen Maßnahme für kleine und mittelständische Unternehmen.

Das Ziel muss sein, die Dinge bereits im Vorfeld positiv mitzugestalten, nicht, sie im Nachhinein zu beklagen.

Gerade kleine und mittlere Unternehmungen brauchen beispielsweise einen besseren Zugang zu den Forschungs- und Entwicklungstöpfen der Union. Man sollte einen gewissen Anteil, zum Beispiel ein Drittel des zu vergebenden Volumens, mit einer sehr einfachen Antragstellung und einer Entscheidung innerhalb von sechs Monaten für kleine und mittlere Unternehmen reservieren.

Damit könnten auch kleine, innovative Projekte unbürokratisch auf EU-Fördergelder zugreifen, was dem jeweiligen Unternehmen, der Region, dem Staat und der gesamten EU zum Vorteil gereichen könnte.

GOOD NEWS IN KRISENZEIT: FRIEDENSNOBELPREIS AN DIE EU

Am 10. Dezember 2012 erhielt die Europäische Union den Friedensnobelpreis. Ein Freudentag für den Kontinent, ein europäischer Feiertag, denn mit diesem Preis wurde zu Recht der EU-Beitrag zur Förderung von Frieden, Versöhnung, Demokratie und Menschenrechten gewürdigt. Neben der verdienten Anerkennung für ein weltweit einzigartiges Friedensprojekt ist dies auch ein wichtiger Beitrag zur Stärkung des europäischen Bewusstseins.

In einer gemeinsam vom Wiener Erzbischof, Kardinal Christoph Schönborn, dem ÖGB-Präsidenten Erich Foglar und mir als Wirtschaftskammerpräsident abgegebenen Erklärung zum Friedensnobelpreis hieß es: »Die europäische Politik entscheidet sich heute am Verhandlungstisch, nicht am Schlachtfeld, wie das über Jahrhunderte hindurch der Fall war. Das ist eine Errungenschaft, die an diesem großen und wichtigen Tag für Europa wieder in Erinnerung gerufen wird und die nicht hoch genug geschätzt werden kann.« Es war uns wichtig, zu betonen, dass die Verleihung des Friedensnobelpreises an die EU nicht nur eine Bestätigung des europäischen Weges des Miteinanders ist, sondern auch ein Auftrag, »das Rad der Integration weiterzudrehen, denn gerade angesichts der Krise gilt: Mehr, nicht weniger Europa ist unsere Zukunft.«

Die Welt und Europa haben sich in vielen Punkten verändert, aber die Prinzipien, auf denen das gemeinsame Europa steht, sind die gleichen geblieben. So wie 1949 kann das gemeinsame Haus Europa nicht durch Rückzug und Renationalisierung den Umbrüchen unserer Zeit standhalten, sondern nur, wenn wir an den Idealen der Gründungsväter festhalten, der Solidarität zwischen allen Ländern, Nationen und Regionen, der Subsidiarität in der Gestaltung der Entscheidungen und der Proportionalität als Ausdruck von Verhältnismäßigkeit und Augenmaß.

DRINGEND GESUCHT:
WEGE AUS DER SACKGASSE

Wladimir Putin hat seinen im Februar 2022 begonnenen Angriffskrieg gegen die Ukraine schon verloren. Militärisch ist ihm nicht der Coup gelungen, den er wollte, politisch ist er auf der Verliererstraße. Was hat er erreicht? Europa ist nicht auseinandergefallen, sondern hat sich in neuer Solidarität gefunden. Die NATO ist nicht schwächer geworden, sondern hat sich erweitert. Und das Schlimmste: Er musste sich mit China arrangieren und wird sich, langfristig gesehen, diesem unterordnen müssen. Keines dieser Resultate kann er gewollt haben, sodass auch ihm ein gewisses Interesse an einer Beendigung seines Angriffskrieges unterstellt werden könnte. Die große Frage ist jedoch: Wer kann dabei vermitteln?

Russland hat den Krieg politisch verloren, die USA haben ihn gewonnen. Die von ihnen befürchtete Kooperation zwischen Russland und der Europäischen Union, insbesondere auch am Energiesektor, ist auf nicht absehbare Zeit gestört, North Stream I, die Gaspipeline, zerstört. Ihre Dominanz in der westlichen Allianz haben die USA massiv verstärkt. Eine andere Frage ist, ob es langfristig strategisch besonders klug ist, Russland China in die Arme zu treiben, dem Herausforderer der weltweiten US-Hegemonie. Das müssen die USA für sich selbst beantworten.

Und Europa? Es wird ein europäischer Krieg geführt, der den Kontinent anhaltend schwächen wird. Wo bleibt die OSZE, die Organisation für Sicherheit und Zusammenarbeit in Europa? Warum tut sie nicht das, wofür sie da ist und was auch ihr Name zum Ausdruck bringt?

Sind Worte des Friedens und des Dialogs heute aus der Zeit gefallen? Wird nur noch über Krieg geredet? Ich halte hartnäckig daran fest, alle nur erdenklichen Dimensionen des Dialogs auszuschöpfen, um zu einer friedlichen Lösung zu kommen. Täglich sterben Tausende junge Menschen in diesem europäischen Krieg, unzählige werden verwundet, Städte zerstört und weite Landstriche vermint. Die Menschen sehnen sich nach Frieden, den herbeizuführen Politik und Diplomatie offenbar nicht fähig sind.

Gerade Österreich steht hier doppelt in der Pflicht: als Teil des Friedensnobelpreisträgers Europäische Union und als neutrales Land. Neutralität im europäischen Kontext beweist ihren Sinn dann, wenn wir sie in der Förderung von Begegnungen und Dialog nützen. Wäre das nicht einen Versuch wert? Wer einen Versuch wagt, hat zumindest eine Chance. Wer keinen Versuch riskiert, ist dazu verurteilt, einer Entwicklung, die andere steuern, zu folgen. Mit allen Konsequenzen und Turbulenzen. Noch nie war eine aktive und engagierte Neutralität Österreichs so gefragt wie jetzt, mit der wir unserer Verantwortung sowohl für Österreich als auch für Europa gerecht werden könnten. Dazu möchte ich nochmals aus dem im Jahr 1989 der Europäischen Union übergebenen Beitrittsansuchen zitieren, in dem es heißt, Österreich werde »seine Neutralitätspolitik als spezifischen Beitrag zur Aufrechterhaltung von Frieden und Sicherheit in Europa fortsetzen«. Dem ist nichts hinzuzufügen. Machen müssen wir es.

»WIR SCHAFFEN DAS!« – ABER NICHT ALLE WOLLEN ES

Von der zweiten Jahreshälfte 2015 an wurde Europas Verantwortung und Wertefundament mit der größten Flüchtlingsbewegung seit dem Zweiten Weltkrieg einer schweren Belastungsprobe unterzogen. In den Jahren 2015 und 2016 suchten rund zwei Millionen Menschen, mehr als die Hälfte davon aus Syrien, Afghanistan und dem Irak, in der EU um Asyl an. Deutschland, Österreich, Schweden und Italien waren an vorderster Stelle und überdurchschnittlich von dieser Fluchtbewegung betroffen. Die Ermunterung der deutschen Bundeskanzlerin Angela Merkel, »Wir schaffen das!«, verstanden die einen als Leitmotiv und Mutwort für humanitäre Hilfe, die anderen als unverantwortliche Einladungsgeste an weitere Flüchtlinge, sich auf den Weg nach Europa zu machen. Mich ärgerte aber in dieser Zeit und bis heute die Haltung, mit der sich einige Mitgliedstaaten ihrer Verantwortung zur Flüchtlingsaufnahme und innereuropäischen Solidarität und Lastenverteilung verweigerten. Eine Position, die letztlich jede europäische Asyl- und Migrationspolitik unterminiert und zum Scheitern verurteilt. Dass eine faire Verteilung der Flüchtlinge auf alle EU-Staaten nicht gelungen ist, ist ein Versagen und eine Enttäuschung. Im Zuge dieser Ereignisse setzte ich mich dafür ein, dass jene Länder, die ihre Verantwortung überproportional erfüllten, zumindest eine diesen Lasten angemessene finanzielle Unterstützung aus EU-Mitteln erhalten sollten. Ein erster wichtiger, aber nicht ausreichender Schritt wurde da Ende 2023 auf EU-Ebene beschlossen. Das lässt immerhin hoffen.

Höchste Zeit, dass sich Europa hier auf Spielregeln einigt. Bisher hat Europa es mit Kriegsflüchtlingen zu tun. Klimaflüchtlinge und Wirtschaftsflüchtlinge werden folgen. Die damit verbundenen Ängste und Sorgen vieler Menschen in Österreich und Europa dürfen dabei nicht unbeachtet bleiben. Es muss klare Antworten geben auf die oft gestellten Fragen bezüglich Arbeitsplätzen, Schulausbildung und Wohnungsproblemen. Darauf einzugehen ist heute mehr denn je Aufgabe einer weitsichtigen Politik. Einbindung in den Arbeitsprozess als bestes Mittel der Integration, vor allem aber rasche Asylverfahren und Abschiebungen derer, die gegen unsere Hausordnung verstoßen und sich schwerer Vergehen schuldig machen – all das müsste endlich in die Praxis umgesetzt werden. Das würde dem Populismus in Europa eine ganz wesentliche Emotions- und Argumentationsgrundlage entziehen.

Wir müssen dabei unterscheiden zwischen Migration, das ist eine Zuwanderung von Menschen, die wir brauchen, um unseren Wohlstand zu behalten. Und Asylsuchenden, die aufgrund von Krieg, Flucht und Verfolgung unsere Hilfe brauchen. Beides wäre mit einer klugen Integrationspolitik zu verbinden. Kein Pardon kann es für Illegale geben, die sich bei uns aufhalten. Kooperationsvereinbarungen mit deren Herkunftsländern zur Rücknahme dieser Personen könnten dazu Lösungen bringen. Die immer wieder diskutierte Sicherung der EU-Außengrenzen ist endlich zu realisieren, um das zu Recht vorhandene Sicherheitsbedürfnis der Bevölkerung zu erfüllen.

Um die Wurzel der Migration aus wirtschaftlichen Gründen anzupacken, begann ich damit, einen »Marshallplan für Afrika« in die öffentliche Debatte einzubringen. Denn auf globale Migrationsbewegungen kann nur erfolgreich reagiert werden, wenn die Steuerungsversuche ebenfalls global ausgerollt werden mit Afrika als erstem Ziel.

ENTWICKLUNG NEU GEDACHT

Afrika liegt zwar quasi vor Europas Haustüre, wurde aber bislang im Wesentlichen chinesischen oder russischen Interessen überlassen. Europa hat hier einiges aufzuholen. »Höchste Zeit, dass ihr Europäer kommt, die Chinesen haben schon viele wichtige Dinge unter ihre Kontrolle gebracht«, wurde mir bei einem Besuch in Namibia gesagt. Wichtig für uns Europäer ist dabei eine echte und faire Partnerschaft mit Afrika. Zumal die Geschichte des Kolonialismus bedingt, dass neues Vertrauen aufgebaut werden muss. Damit ließe sich verlorenes Terrain wettmachen. Das gilt auch und gerade gegenüber China, Europas Mitbewerber am afrikanischen Kontinent, dem nicht zu Unrecht ein sehr egoistisches Denken in seinen Wirtschaftsbeziehungen mit Afrika nachgesagt wird. Den Beginn könnten Aus- und Weiterbildungsinitiativen setzen, denn nur eine Qualifikation der Menschen zieht eine Investition in ihrer Heimat nach sich. Viele großartige Einzelprojekte gibt es zwischen Europa und Afrika. Es wäre gut, würde die EU sie erfassen und im Rahmen einer Plattform eine Koordination ermöglichen.

In einer neuen Partnerschaft mit Afrika, das sich auch am Beispiel Europas orientiert und in einer Staatengemeinschaft organisiert, liegt eine Riesenchance. Jordi Pujol, der ehemalige Präsident Kataloniens, meinte einmal: »Die

Grenze Europas ist nicht das Mittelmeer, sondern die Wüste von Afrika.« Ja, meinte ich daraufhin, aber dabei sollten wir ganz Afrika einbeziehen. Es wäre eine Riesenchance für beide Kontinente, die sich in so vielen Bereichen wunderbar ergänzen würden.

SCHWARZER TAG FÜR DIE GEMEINSCHAFT

Am 23. Juni 2016 stimmten 52 Prozent der britischen Wählerinnen und Wähler im Vereinigten Königreich für den Austritt ihres Landes aus der EU. Für mich war das ein schwarzer Donnerstag sowohl für das gemeinsame Europa als auch für Großbritannien. Ich hatte als Europäischer Wirtschaftskammerpräsident stets für den Verbleib des United Kingdom in der Union geworben und dafür auch vor Westminster, dem britischen Parlament, eine Europafahne schwenkend, demonstriert. Nach Bekanntwerden des negativen Ausgangs des Referendums für uns »Remainers« wurde ich in eine BBC-Sendung eingeladen und habe mich direkt an die jungen Britinnen und Briten gewandt: »Ich verstehe, dass ihr heute sehr enttäuscht seid«, sagte ich, »aber es hat keinen Sinn zurückzublicken, lasst uns stattdessen gemeinsam nach vorne schauen.« Die Hoffnung auf eine Rückkehr in die EU lebt. In diesem Sinne habe ich in der BBC-Sendung an das Gleichnis vom verlorenen Sohn erinnert. Auch der verlässt den väterlichen Hof, weil er unzufrieden ist, kehrt schließlich aber, nachdem für ihn doch nicht alles so gut gelaufen ist wie erwartet, wieder dorthin zurück. »One day the lost son will return!«, habe ich im BBC-Gespräch vorausgesagt. Im Unterschied zum verlorenen Sohn aus der Bibel, der verarmt und abgewirtschaftet wiederkehrt, wird das Vereinigte Königreich jedoch sowohl wirtschaftlich wie auch sicherheitspolitisch immer ein Gewinn für das gemeinsame Europa sein.

Dass Großbritannien im September 2023, sieben Jahre nach dem Brexit-Votum, ins milliardenschwere EU-Forschungsprogramm »Horizon Europe« zurückgekehrt ist, könnte als Hinweis darauf gesehen werden, dass die Brexit-Trennung nicht dauerhaft Bestand haben wird.

Natürlich ist auch mir klar, dass eine Rückkehr nicht von heute auf morgen, sondern nur schrittweise erfolgen kann. Warum könnte hier nicht Norwegen ein gutes Vorbild sein? Voll eingebunden im europäischen Wirtschaftsraum, wären die Briten wieder Teil des europäischen Hauses, auch wenn sie die Wohnung gewechselt haben. Auch für den Diskurs wären sie eine Bereicherung. Sie haben sich immer gegen die Regulierungswut in Brüssel, ausgelöst durch Wünsche einzelner Mitglieder, zur Wehr gesetzt und damit manches im Sinne einer wohlverstandenen liberalen Ordnung verhindern können.

OHNE REDEN GEHT GAR NICHTS

Die für mich wichtigste Lehre aus dem Brexit-Referendum ist, dass wir den Sinn, Zweck und Nutzen des europäischen Projekts den Bürgerinnen und Bürgern Europas besser kommunizieren müssen. Dazu gehört auch, dass »die EU« nicht immer als Sündenbock für alles, was in den Mitgliedstaaten falsch läuft, abgestempelt wird. Die politischen Verantwortungsträger auf allen Ebenen sind gefordert, mit dem oft angekündigten Bürgerdialog für Europa endlich Ernst zu machen. Die Eurobarometer-Umfragen zeigen uns in schöner Regelmäßigkeit, dass sowohl das Vertrauen in Europa als auch das »Wir-Gefühl« als Europäerinnen und Europäer noch sehr ausbaufähig sind. Ich habe nie verstanden, dass Österreich einerseits gewaltige Vorteile aus seinem EU-Beitritt und der Osterweiterung erfahren hat, andererseits die österreichische Bevölkerung besonders kritisch zur EU eingestellt ist. Sicherlich spielt dabei auch mit, dass die EU als abstraktes Gebilde gesehen wird, in Wahrheit jedoch nichts anderes ist als eine Versammlung der 27 Mitglieder. Gute Ideen wären gefragt, und es täte Not, dafür politische Verbündete zu suchen, anstelle nur zu lamentieren, was einem an dieser oder jener Maßnahme nicht gefällt.

Die Wirtschaftskammer initiierte aus diesem Grund das direkte Gespräch mit den Menschen zu den uns alle betreffenden europäischen Themen, die Aktion »Europaschirm«. Seit 2008 tourt dieses Gesprächsformat über Europa durch Österreich und bietet Fakten und Informationen zu EU-Sachverhalten. Mit über 800.000 Menschen sind Expertinnen und Experten seither unter dem Europaschirm über Europa ins Gespräch gekommen. Dafür erhielten wir den Bürgerpreis des Europäischen Parlaments. Reden über Europa ist unverzichtbar. Demokratie heißt Diskussion, das Zusammenwachsen Europas braucht Information, Debatte, konstruktive Kritik und inspirierende Ideen.

LEIDER KEINE EUROPAZEITUNG

Zur besseren Information der Menschen habe ich auch statt der Einstellung der »Wiener Zeitung« 2023 eine Neuaufstellung des Qualitätsmediums vorgeschlagen. Leider wurde meine Idee, aus der ältesten Tageszeitung der Welt die erste Zeitung Europas zu machen, nicht aufgegriffen. Ich plädierte für ein Blatt, das, in alle EU-Sprachen übersetzt, in Kooperation und als Beilage von den großen nationalen Zeitungen in ganz Europa erscheint. Damit könnte man starke regionale Vertriebspartner gewinnen, und Europa würde sehr rasch und ohne riesigen Aufwand eine Stimme bekommen. Ich eines steht fest: Was fehlt, ist eine gesamteuropäische Informationspolitik. Wäre ich in der EU für Informationspolitik zuständig, würde ich, abgesehen von den elektronischen Medien, umgehend auch auf einen solchen mehrsprachigen europäischen Kanal in Form einer Printausgabe setzen. Diese Europabeilage würde ja auch für die Partnerzeitungen einen zusätzlichen Benefit in Form einer erweiterten europäischen Berichterstattung bieten und könnte die Stärke der Printmedien, nämlich Hintergrundanalysen, noch weiter verbessern. Information weckt Interesse, Interesse motiviert zu Engagement und genau das brauchen wir: engagierte Bürgerinnen und Bürger für Europa.

KAPITEL 8

2020 BIS 2049: EUROPA WIEDER IN SCHWUNG BRINGEN

Meine Erfahrungen und Erwartungen sind in der Gegenwart angekommen. Ich möchte es aber nicht dabei belassen, sondern über die aktuellen Zeitläufte hinausschauen, das heutige Europa in die Zukunft, für die kommenden Generationen weiterdenken. Sinnbild dafür ist für mich die »Europaburg« über der Ortschaft Neumarkt in der Steiermark. Ich habe bereits im Kapitel über die 1960er-Jahre von diesem Europa-Meeting-Point berichtet und unter anderem erwähnt, dass ich dort 1968 mit jungen, europäisch gesinnten Freundinnen und Freunden unsere Euro-Vision entwickelt habe. Fünfzig Jahre später, 2018, wurde die Europaburg der Sitz unserer Stiftung EYFON (European Youth Forum Neumarkt), die es jährlich bis zu tausend Jugendlichen aus ganz Europa im Rahmen von Treffen, Vorträgen und Diskussionen ermöglicht, Europa-Botschafterinnen und -Botschafter für ihre Generation, für ihre Länder zu werden. An diesem Ort können junge Menschen heute, so wie ich in meiner Jugend, den *Spirit of Europe* erleben und das gemeinsame Europa als schöne, weil Menschen und Nationen verbindende Aufgabe kennenlernen.

Im Herbst vorigen Jahres war EU-Kommissar Johannes Hahn unser Gast auf der Europaburg. Dort erinnerte Hahn die Jugendlichen im Rahmen eines Kastanienfestes bei einem Glas steirischem Schilcher und heißen Maroni daran, dass wir an diesem Ort vor vierzig Jahren den EU-Beitritt Österreichs vorausgedacht und zu bewerben begonnen haben: »Die meisten haben uns damals als eine Art außerirdische Wesen, als Träumer von einem anderen Stern betrachtet«, sagte Hahn, »aber gemeinsam mit vielen anderen hatten wir mit unserer EU-Mission letztlich Erfolg.« Eine Teilnehmerin aus der Ukraine griff diese Ermutigung des Kommissars auf und sagte: »Wenn wir Veränderung wollen, muss sie von uns ausgehen, und wir sind es, die wir uns dafür einsetzen müssen!«

Aus eigener Erfahrung weiß ich, dass der Europagedanke und das Miteinander über geografische, politische, sprachliche und kulturelle Grenzen gerade junge Menschen begeistern können. Die Jungen haben das Gemeinsame in ihren Genen, nicht die oft trennenden Erfahrungen der Älteren. Deswegen bin ich der Überzeugung, dass frischer Wind im gemeinsamen Europa und neu geweckter europäischer Geist wieder von der Jugend ausgehen müssen.

DEN EUROPAWAGGON NICHT VOM WELTZUG ABKOPPELN!

Die heutigen jungen Menschen erlebe ich bei Begegnungen auf der Europaburg ruhiger, als wir es in den 1960er-Jahren waren. Aber sie haben ganz klare Vorstellungen: Sie wollen in einer Welt leben, in der es keine Klimakrise, sondern Klimalösungen gibt. Sie wollen in einer Welt leben, in der sie in der internationalen wirtschaftlichen Entwicklung nicht auf einem Abstellgleis landen, sondern ihre Begabungen und Talente entfalten können. Sie wollen Wohlstand und ihre Lebensziele verwirklichen. Sie wollen Familien gründen und Freunde gewinnen. Ich erlebe die jungen Leute heute als ökologisch und sozial sehr engagiert. Aber sie haben auch viel Verständnis für die Notwendigkeit von Leistung und wirtschaftlichem Denken.

Jedoch ist auch ein gewisses Maß an Selbstzufriedenheit zu bemerken, das sich zuweilen in einer individualisierten Genügsamkeit ausdrückt. Eine neue Form der Bescheidenheit ist durchaus begrüßenswert. Aber eines müssen wir wissen: Ohne unseren Einsatz und unsere Leistung können wir auf Dauer weder die Mittel für persönliches Wohlergehen noch die ungeheuren finanziellen Kapazitäten erwirtschaften, die wir für die Lösung der Klimafragen, für das Migrations- und Integrationsmanagement oder auch für die Lösung der Herausforderungen äußerer und innerer Sicherheit brauchen. Auch in diesen Zusammenhängen muss gedacht werden, wenn die Zukunft gelingen soll. Denn eines ist sicher: Die Mittel für eine gelingende Zukunft werden niemandem in den Schoß fallen.

Während sich die Welt weiterdreht und andere Kontinente nach vorne drängen, gilt es für Europa, den Zug Richtung Zukunft nicht zu verpassen. Zu vieles wurde schon versäumt. Die Zeit ist reif, die Weiche zum Abstellgleis wieder auf »vorwärts« zu stellen und sich selbst grünes Licht zu geben.

MERCOSUR-NEIN STÖSST LATEINAMERIKA VOR DEN KOPF

Ein Beispiel dafür, wie es nicht geht, ist der Umgang der EU und Österreichs mit den Märkten des Südens. Mercosur – der Name steht für die internationale Wirtschaftsorganisation in Lateinamerika und ist die abgekürzte Bezeichnung für den »Mercado Común del Sur« (Gemeinsamer Markt des Südens). Bereits 1995 unterzeichneten der Mercosur und die Europäische Union ein Assoziationsabkommen, als Vorstufe für ein gegenseitiges Freihandelsabkommen. Dass die Verhandlungen mit den Mercosur-Ländern Brasilien, Argentinien, Uruguay und Paraguay schwierig waren, bestreitet niemand. Letztlich konnte aber 2019 ein für beide Seiten positives Handelsabkommen geschlossen werden. Damit schien der Weg frei für die Schaffung von Europas größter Freihandelszone mit der Welt. Ein großer Sprung nach vorne in der Beziehung zwischen Europa und Lateinamerika zeichnete sich ab. Denn die EU ist der einzige Handelspartner, mit dem der Mercosur über ein Freihandelsabkommen verhandelt. Das würde für Unternehmen aus der EU bedeuten, einen privilegierten Zugang zu lateinamerikanischen Märkten zu bekommen. 85 Prozent der

EU-Ausfuhren in den Mercosur unterliegen derzeit dem Zoll, mit dem Abkommen würden diese Abgaben entfallen. Umgekehrt liefern die Mercosur-Staaten wichtige Rohstoffe für die Industrien der EU.

Eine Win-win-Lösung für beide Kontinente war in Reichweite. Aber anstatt zuzugreifen, hat Österreich den ausgehandelten Vertragsentwurf abgelehnt. Am 12. Jänner 2020 forderte der damalige Bundeskanzler Sebastian Kurz von der EU-Kommission eine Neuverhandlung des Abkommens. Eine Allianz aus allen Parlamentsparteien, mit Ausnahme der Neos, gemeinsam mit der Arbeiterkammer, dem Gewerkschaftsbund, Umweltschutzorganisationen, einigen heimischen Handelsketten und, nicht zu vergessen, dem Bauernbund hatte erfolgreich gegen diese zwischenkontinentale Wirtschaftsbrücke mobil gemacht.

WIRTSCHAFTSABKOMMEN ALS BESTE ENTWICKLUNGSHILFE

Wirtschaftsabkommen sind von vitalem Interesse für ein Exportland wie Österreich. Wir sollten dabei bedenken, dass Österreich mehr agrarische Produkte nach Lateinamerika liefert, als von dort zu uns kommen, dass Rindfleischexporte in die EU mit einem Prozent des Gesamtverbrauchs gedeckelt sind und deren Qualität durch die verpflichtende Einhaltung europäischer Lebensmittelstandards gesichert wird. Weiters verpflichten sich die Mercosur-Staaten, die Bestimmungen der Pariser Klimakonferenz einzuhalten.

Fair und auf Augenhöhe ausverhandelt, versinnbildlicht der weltweite wirtschaftliche Zusammenschluss für mich aber auch ein Zusammenwachsen der globalen Menschheitsfamilie. Geprägt hat mich dabei das 1975 geschlossene Lomé-Abkommen, benannt nach der Hauptstadt von Togo in Westafrika, zwischen den damaligen EG-Staaten und 77 Entwicklungsländern in Afrika, der Karibik und dem Pazifikraum (AKP-Staaten). Dieses Abkommen wurde bis 1989 mittels mehrerer Neuauflagen aktualisiert und im Jahr 2000 durch das nachfolgende Cotonou-Abkommen ersetzt. Diese Vertragswerke ermöglichten den ärmsten Ländern der Welt mit gesicherten Preisen einen Zugang zum europäischen Wirtschaftsraum und förderten damit Stabilität und die ökonomische Entwicklung dieser Staaten. Der Mehrwert dieser Wirtschaftsabkommen gegenüber der Entwicklungshilfe besteht für mich darin, dass Europa hier nicht bloß Hilfe leistet, sondern den wirtschaftlichen Austausch und damit die Einbindung dieser regionalen Wirtschaftsräume in den Weltmarkt fördert. Das war für mich in den 1970er-Jahren ein sensationell neuer Ansatz, um Entwicklung und Wirtschaftswachstum weltweit zu fördern.

VORBILD SEIN STATT SANKTIONEN VERHÄNGEN

Im Gegensatz zu Europa macht China die Türen weit auf. Das haben wir bei der Erweiterung der BRICS-Staaten im vorigen Jahr wieder deutlich gesehen, das wird uns mit Chinas Wirtschaftsoffensiven in Afrika regelmäßig vor Augen geführt. Und was machen wir? Ich sehe uns leider zu oft mit erhobenem Zeigefinger und in einer Art geistigem Kolonialstil gegenüber anderen auftreten: Wir glauben oft, wir sind die Besseren, wir sind die Gescheiteren und unsere

Werte sind die allein selig machenden. Wir sollten diese Überheblichkeit ablegen, sie schafft uns keine Freunde. Wir verletzen damit die Gefühle jener, die eine andere Herkunft und Kultur haben.

Wir blockieren uns damit ja nicht nur gegenüber dem Mercosur. Auch das Investitionsabkommen mit China liegt nach wie vor auf Eis. Zu unserem Schaden. Stattdessen haben wir Sanktionen verhängt, und China hat seinerseits ein paar Mitglieder des Europäischen Parlaments sanktioniert. Gebracht hat all das bisher nichts. Sanktionen schaden allen und vor allem der Vertrauensbasis, derer die Welt gerade jetzt so dringend bedarf. Eine vernetzte Welt kann nur funktionieren, wenn die Vertrauensbasis intakt ist. So wie John F. Kennedy in den 1960er-Jahren Hoffnungen geweckt, Zuversicht verbreitet und Nachahmer inspiriert hat. Könnte das nicht heute auch der Weg für Europa sein?

DIALOG OHNE BELEHRUNG MIT XI JINPING

Bei all den Sanktionen, dem Misstrauen und der Missstimmung ist der Dialog auch über scheinbar unüberwindliche Grenzen hinweg doch die einzig verbleibende Chance. Ich habe Politik immer als Friedensidee definiert, zu der wir durch wirtschaftliche Kooperationen einen Beitrag leisten wollen. Und ich habe Religionen immer definiert als unterschiedliche Wurzeln, die letztendlich zum selben Baum führen. Mit diesen beiden Zugängen kann man weltweit sehr viel Sympathie gewinnen. Gerade weil ich von unseren Werten überzeugt bin, fordere ich immer: Leben wir diese Werte, damit sie Faszination auf andere ausüben, die diese Wertebasis (noch) nicht haben. Aber sagen wir nicht: Wenn ihr unsere Werte nicht lebt, dann sanktionieren wir euch. Erinnern wir uns: Am Anfang des gemeinsamen Europas stand der Dialog zwischen ehemaligen Kriegsfeinden. Setzen wir auch jetzt auf Dialog und die Kraft der besseren Argumente in einer multipolaren Welt.

Ein Dialog ist mir da in besonders guter Erinnerung geblieben. Bei einem Treffen mit dem chinesischen Staatspräsidenten Xi Jinping in Peking fragte er mich: »Wie lange dauert es, bis man in Europa eine Straße baut?« Dann lächelte er und gab gleich sich selbst und mir die Antwort darauf: »Zwölf Jahre, zwei Jahre Bauzeit und davor zehn Jahre Bürokratie. In China bauen wir dieselbe Straße in zwei Jahren.« Ich schaute ihn an, lächelte ebenfalls und antwortete ihm: »Herr Präsident, stimmt, aber wenn wir eine Straße bauen, sind davon viele Menschen betroffen. Und wir wollen diese Menschen miteinbeziehen, und das braucht Zeit.« Ich denke mir, das war eine Antwort, die Xi Jinping unseren Standpunkt zeigte, ohne belehrend zu sein. Bei der Heimfahrt habe ich dann noch einmal über dieses Gespräch nachgedacht. Denn in einem hatte der chinesische Präsident recht: Die Genehmigungsverfahren dauern bei uns tatsächlich zu lange. Das heißt nicht, dass wir ins andere Extrem verfallen sollten, aber Handlungseffizienz und Demokratie nicht gegeneinander auszuspielen, sondern miteinander zu verbinden, stünde auch uns gut an. Also zum Beispiel zwei Jahre Genehmigungsverfahren und zwei Jahre Bauzeit.

Im Geschäftsleben ist es so wie in der Politik: Es kommt immer auf den persönlichen Kontakt an, auf gegenseitigen Respekt, auf Verständnis und Vertrauen. Das heißt nicht, dass man immer einer Meinung sein muss. Aber ohne eine Respektbasis füreinander wird man kein Vertrauen aufbauen und ohne Vertrauen keine Lösung finden. Erinnern wir uns an das Musterbeispiel dafür, die deutsche Wiedervereinigung, die Helmut Kohl und Michail Gorbatschow im persönlichen Kontakt, ausgehend von gegenseitigem Respekt, über geteiltes Vertrauen bis hin zu einer tragfähigen Lösung möglich gemacht haben.

EINE REFORM-AGENDA FÜR DIE EU!

Ich habe das Motiv des Sisyphus immer wieder verwendet. Natürlich stellt sich für uns europäische Steine-Roller auch jetzt wieder die Frage, ob das gemeinsame Europa auch rückabgewickelt werden kann. Schließlich ist kein politischer Fortschritt endgültig abgesichert oder unumkehrbar. Wir haben aber jetzt die Chance, den Stein des gemeinsamen Europas fester zu verankern: Dafür müssen wir eine Reform-Agenda für die EU aufsetzen, die uns erlaubt, die aktuellen Lähmungen zu überwinden und in den wichtigen Fragen der Klima- und Sicherheitspolitik, im Kampf gegen die internationale Finanzspekulation und beim Management der internationalen Migration geeint aufzutreten. Die Wirtschaftskraft dazu hätten wir, die Wertebasis dafür hätten wir. Aber uns fehlt die nötige politische Einigkeit und Handlungsfähigkeit. Deshalb: weg mit der blockierenden Einstimmigkeit und her mit einer Aufwertung der Kommission! Die EU muss mehr sein als eine Versammlung von 27 Ländern zur Durchsetzung ihrer jeweiligen nationalen Interessen.

Wenn uns das gelingt, dann kann Europa eine eigene Position vis-à-vis Amerika und Asien entwickeln. Dann kann Europa Verbündete finden und Partnerschaften in der ganzen Welt etablieren. Wenn Europa das zustande bringt, dann ist der Stein des Sisyphus unserer Zeit und ihren Anforderungen gemäß am Europa-Gipfel verankert. Wenn wir uns aber über nationale Kleinigkeiten streiten und uns die EU auseinanderdividieren lassen, dann ist die Gefahr gegeben, dass der Stein wieder hinunterrollt, Europa dabei überrollt wird und wir uns, statt eine aktive Gestaltungsrolle auf der Weltbühne einzunehmen, von dieser verabschieden.

EUROPA – DIE NÄCHSTE PHASE

Was zu tun ist, damit Europa weiterhin eine tragende und konstruktive Rolle im Weltsystem spielen kann, liegt auf der Hand. Nach der Europawahl im Juni 2024 wird neben dem Parlament auch die EU-Kommission neu bestellt. Die Agenda aller künftigen Verantwortungsträger auf höchster europäischer Ebene könnte wie folgt aussehen:

Vorrangig gilt es die durch das Einstimmigkeitsprinzip gebremste und im schlimmsten Fall blockierte Entscheidungs- und Handlungsfähigkeit in der EU wiederherzustellen. Bereits vor einigen Jahren habe ich dafür gemeinsam mit dem ehemaligen Vizepräsidenten der Europäischen Kommission, Günter Verheugen, das Modell der drei konzentrischen Kreise entwickelt. Der erste, innere Kreis beinhaltet ein vertieftes, entscheidungs- und handlungsfähiges Europa. Der zweite Kreis umfängt die bestehende Europäische Union in ihrer jeweiligen Form. Den dritten

Kreis bildet ein gemeinsamer europäischer Wirtschafts-, Wissenschafts- und Kulturraum, der sich weit über die Grenzen der heutigen EU hinaus in den Mittelmeerraum und nach Osteuropa erstrecken kann.

Der französische Präsident Emmanuel Macron hat ähnlich unserem Konzentrische-Kreise-Modell den Vorschlag eines stufenweisen EU-Beitritts neuer Mitglieder gemacht. Je nach Fortschritten in den Bereichen Rechtsstaatlichkeit und Volkswirtschaft können sich die beitrittswilligen Länder Schritt für Schritt in die EU integrieren. Letztendlich geht es mithilfe dieses Kreise- oder Stufen-Modells darum, dieses vertiefte Europa wieder entscheidungsfähig und damit wirtschafts- und außenpolitisch effizient, weil handlungsfähig zu machen. Das würde wiederum die Attraktivität dieser Union für andere Staaten erhöhen. Der Vorwurf, da wollen ein paar einen elitären Zirkel gründen, geht bei diesem Modell ins Leere. Denn wenn alle einem Zirkel beitreten können, ist er selbstredend nicht mehr elitär. Aber jene, die beitreten wollen, müssen sich zu einer vertieften Kooperation bekennen.

Weiters müsste die EU in allen globalen Zukunftsbereichen in der G20 initiativ mitwirken. Dadurch könnten die G20 mit EU-Impulsen ganz entscheidende Beiträge zur Lösung der großen Herausforderungen unserer Welt und unserer Zeit leisten. Viele Anliegen, die wir Europäer vertreten, können ohne eine solche globale Kooperation nicht realisiert werden.

Für ein konkretes Engagement Europas gegen die Klimakrise bedarf es eines Masterplans, der realistisch ist und verhindert, dass man sich in utopischen Zielen verheddert. Alle Beteiligten gehören an einen Tisch. Vertreter aus Wirtschaft, Wissenschaft, Politik und weitere Interessengruppierungen wie etwa Konsumentenvertreter sind angehalten, gemeinsame und verpflichtende Jahresziele bis zum Jahr 2049 zu formulieren. Jedes einzelne Ziel ist konkret zu definieren, muss von allen getragen und bis zu einem bestimmten Datum umgesetzt werden.

Auch beim Thema Migration ist ein europäischer Aktionsplan notwendig und muss vor allem den Menschen in Europa das Gefühl geben, dass sie dabei mitgenommen werden. Auf diese Weise sind sie vor den Angstparolen der Demagogen besser geschützt.

Das internationale Finanzsystem benötigt einen Ordnungsrahmen, der die überbordende internationale Finanzspekulation in die Schranken weist. Wir müssen zurück zum Primat der Realwirtschaft vor der Finanzwirtschaft.

Der Binnenmarkt ist ein bewährtes Herzstück der EU. Die Bereiche Digitalisierung, Kapitalmarkt, künstliche Intelligenz und Energie müssen in den gemeinsamen Markt integriert werden. Mit dem Digital Act wird dazu ein erster Schritt gesetzt.

Der Förderung von Kreativität, Qualifikation und Innovation ist höchste Priorität einzuräumen, damit Europa trotz höherer Standortkosten seinen Wohlstand erhalten kann. Eine Möglichkeit dazu wäre, Straßburg zum Europäischen Innovations- und Zukunftszentrum zu machen, auch finanziert aus den circa 300 Millionen Euro, die der parlamentarische Wanderzirkus jährlich verschlingt.

25 Prozent weniger Bürokratie – wann und mit welchen Maßnahmen soll das erreicht werden? Konkrete und praxisrelevante Vorschläge dazu gibt es, sie gehören umgesetzt.

Eine strategische Industriepolitik soll definieren, wo wir mit anderen kooperieren, aber auch wo wir autonom bleiben müssen. Wie können wir Klimaziele verfolgen, ohne Industriebetriebe aus Europa zu vertreiben? Antworten darauf sind überfällig.

Europa braucht Partnerschaftsabkommen mit allen Teilen der Welt, mit den USA, mit Lateinamerika, mit Afrika und den südostasiatischen Staaten. Auch das bereits ausverhandelte Investitionsschutzabkommen mit China sollte jetzt umgehend in Kraft gesetzt werden. Handelsverträge kann die Europäische Union autonom beschließen und soll dies auch tun.

Europa braucht Sicherheit. Die Staaten Europas, aber auch Länder wie Großbritannien, die Türkei, die Ukraine, die Schweiz und Norwegen sollen in einem europäischen Sicherheitsrat zusammenarbeiten. Dabei wäre der Europarat ein ideales Forum. Auch wenn Sicherheit nicht zu seinen Kernaufgaben gehört, so wäre doch durchaus möglich, ein informelles Forum zu etablieren, in dem eine Sicherheitsstrategie definiert und umgesetzt wird.

Europa zu einer Sozialunion zu machen ließe sich bewerkstelligen. Die technologischen Umbrüche unserer Zeit verunsichern viele Menschen, erzeugen Sorgen und Ängste. Wird es den Dreher oder Schweißer in zehn Jahren noch geben? Oder werden sie durch Automaten ersetzt? Wichtigste Aufgabe einer vorausschauenden Sozialpolitik wäre es, hier den Menschen Ängste zu nehmen und gemeinsam mit ihnen auf absehbare Veränderungen einzugehen. Ein europäischer Weiterbildungspass könnte neue Qualifikationen und damit Sicherheit statt Angst in einer alternden Bevölkerung schaffen. Wenn Europa, insbesondere der Europäische Wirtschafts- und Sozialausschuss, sich dieses Themas annähme, könnte er Bahnbrechendes für eine europäische Sozialunion leisten.

Europa hat der Welt etwas zu geben. Werte zu vermitteln, aber ohne zu sanktionieren, lautet die Aufgabe. Europa hat das Potenzial zum positiven Vorbild. Ein europäisches Sozialmodell, eine Kombination aus individueller Leistung und sozialer Verantwortung, könnte ein gutes Angebot auch für andere sein.

Europas Bürger haben ein Recht auf Information und Dialog. Ein Prozent des EU-Budgets soll dafür verwendet werden.

Europas Jugend verdient mehr Teilhabe. In einem Europäischen Jugendparlament sollen Jugendliche im Alter bis zu dreißig Jahren vertreten sein, die sich parallel zum Europäischen Parlament mit den europäischen Gesetzesthemen befassen und dem Europarlament als eine Art Jugendkammer ihre Vorschläge und Ideen übermitteln. Diese Altersklasse ist im Europäischen Parlament praktisch nicht vertreten, wiewohl über deren Zukunft entschieden wird. Die Ansichten und Haltungen der Jugend Europas sollen von dieser online an ihre Jugendvertreter übermittelt werden. Weiters sollte im Rahmen des Programms Erasmus+ für alle jungen Menschen im Rahmen der schulischen oder beruflichen Ausbildung ein Semester in einem anderen europäischen Land vorgesehen werden. Damit kann Europa erlebt, der Horizont erweitert und das menschliche Fundament der nächsten Generationen bereichert werden. Das Europa von morgen muss heute auf einem Jugendprojekt aufgebaut werden. Wenn die Jungen den Sisyphus-Stein mitrollen, wird er irgendwann auch oben ankommen.

Europa ist ein Friedens-Kontinent. Wir wollen alles tun, dass wieder Frieden einkehrt. Um der Friedensunion ein Gesicht und eine Stimme zu geben, könnte der frühere EU-Kommissionspräsident Jean-Claude Juncker als Friedens-Botschafter der Kommission eingesetzt werden. Als eine Art europäischer Henry Kissinger könnte er ausloten, welche Möglichkeiten es gibt, um diese dann im Zusammenwirken mit der Organisation für Sicherheit und Zusammenarbeit in Europa (OSZE) zu konkretisieren.

EUROPA FÜR DIE NÄCHSTE GENERATION

So weit ein mögliches Arbeitsprogramm für das gemeinsame Europa nach der nächsten Europawahl. Aber lassen wir doch die Blicke in eine noch weiter entfernte Zukunft schweifen. Der Europarat feiert 2024 seinen 75. Geburtstag. In 25 Jahren wird er hundert. Dann sind die heute 15- bis 20-Jährigen zwischen 40 und 45 Jahre alt und als Entscheidungsträgerinnen und Entscheidungsträger jene Generation, die dann das gemeinsame Europa gestalten wird.

2049 – wie wird und vor allem wie soll Europa in diesem Jahr dastehen? Was muss das gemeinsame Europa tun, welche Weichen müssen wir jetzt stellen, dass es so dasteht, wie wir es uns in unseren Vorstellungen wünschen? Die Chinesen wissen es und arbeiten daran. Die Amerikaner ebenso. Und wir Europäer?

2023 war die Botschaft der jungen Teilnehmer in den Friedensseminaren auf der Europaburg eindeutig: »We want peace!« Dass auf der Burg auch Jugendliche von außerhalb der EU, vom Westbalkan, aus der Türkei, aus der Ukraine teilnehmen, genauso wie bis vor dem Kriegs-ausbruch Jugendliche aus Russland, ist unser Beitrag für den über die Unionsgrenzen hinaus geltenden Friedens-auftrag der EU. Die Glasmalereien auf den Türfenstern der Burgkapelle unterstützen diese Botschaft: links der heilige Benedikt, der Heilige Europas aus dem Westen, rechts Kyrill und Method, die beiden Patrone Europas aus dem Osten. Zusammen auf einer Tür, in einem Glauben, in einem Europa. Wenn die jungen Menschen die bei diesen Begegnungen erlebten Emotionen, die Verbundenheit, die Wertschätzung und Toleranz, kurzum den *Spirit of Europe*, aus Neumarkt mitnehmen und in ihren Netzwerken weitergeben, dann haben wir eine gute Saat ausgebracht.

Aus Dankbarkeit wächst Zufriedenheit und aus Zu-friedenheit Freude – das sind meine drei Lebenskompass-Wörter. Umgelegt auf Europa, heißt das für mich: Dankbar, dass nach den fürchterlichen geschichtlichen Katastrophen, die der Nationalismus verursacht hat, das gemeinsame Europa 1949 mit den Werten Menschlichkeit, Frieden und Freiheit wieder begründet wurde. Dankbar, in dieses Europa, in diese Welt hineingeboren zu sein. Dankbar, eine Familie zu haben, die Halt, Sicherheit und Freude vermittelt. Diese Dankbarkeit ermöglicht Zufriedenheit mit dem Erreichten. Und mit Freude möchte ich auch einen Auftrag des von mir hoch verehrten Hugo Portisch erfüllen, den er mir bei meinem letzten Besuch bei ihm mitgegeben hat: »Bleiben Sie eine starke Stimme für Europa in Österreich, aber auch eine starke Stimme für Österreich in Europa!«

1949:
EINE CHANCE FÜR EUROPA

Am Anfang stand die Erinnerung an den Friedenskongress 1849 in Paris mit der Rede des Schriftstellers Victor Hugo und seiner europäischen Vision: »Der Tag wird kommen, an dem du, Frankreich, du, Russland, du, Italien, du, England, und du, Deutschland, all ihr Nationen dieses Kontinents, ohne eure speziellen Qualitäten und eure ruhmreiche Einzigartigkeit zu verlieren, vollständig in einem höheren Ganzen aufgehen und die europäische Bruderschaft bilden werdet.«

Was für eine Kraft steckt in diesen Worten, in dieser Vision! Leider fanden die Ideen Hugos keine Akzeptanz. Europa, das so viel geistige und kulturelle Beiträge zu einer Identität geleistet hatte, zerfleischte sich in Kriegen und Zerstörung, begegnete sich mit Wut und Hass und versank insbesondere im Ersten und Zweiten Weltkrieg in abscheuliche Inhumanität. Ein großer Europäer, der seine europäische Heimat verloren hatte, nahm sich 1942 aus Verzweiflung darüber das Leben: Stefan Zweig. Er trauerte über die verlorene Welt von gestern und hatte keine Hoffnung auf die Welt von morgen. Nationalismus, Rassismus und Kolonialismus überlagerten Menschlichkeit, Versöhnung und Frieden. Sie überlagerten die Ideen Victor Hugos nicht nur innerhalb Europas und brachten den Kontinent an den Rand des Abgrunds, sondern richteten bis heute nachwirkendes Unheil in so vielen Teilen der Welt an.

Doch dann, genau hundert Jahre nach der Rede Victor Hugos, kam es zu einer Wende, zu einer neuen, einer historischen Idee: der freiwilligen Einigung Europas! Frieden und Freiheit, Demokratie und Rechtsstaatlichkeit, Respekt, Toleranz und Humanität sollten die Grundlagen des neuen Europas sein. Diese Grundlagen wurden am 5. Mai 1949 in London mit der Gründung des Europarates gelegt. Auf diesen geistigen Fundamenten sollte in der Folge die Architektur eines einigen Europas entstehen. Die Errichtung dieses Bauwerks war oft mühsam, mit Rückschlägen und Umplanungen verbunden, insgesamt jedoch erfolgreich. Eine Pionierleistung in der Geschichte!

Hat sich schließlich doch nach vielen bitteren Umwegen Victor Hugos Vision durchgesetzt? Aus Not, Verzweiflung und Angst gegründet, entwickelte sich Europa bei all seinen Mängeln doch zu einem Kontinent des Friedens, der Freundschaft, der Demokratie, der Rechtsstaatlichkeit und der Humanität. Immer wieder waren es beherzte Menschen, die das größere Ganze im Auge hatten und als Notwendigkeit für ein erfolgreiches Bestehen in der Zukunft sahen.

Europe got a chance!

2024:
EINE CHANCE FÜR DEN FRIEDEN

Wir leben in einer von Fieber geschüttelten Zeit. Kriege, Bombardierungen, Verschleppungen, Vertreibungen, Verhaftungen. Zerfällt die Welt?

Wie sieht es mit Europa aus? Die Erschütterungen der Welt erschüttern auch uns. In der Ukraine, die uns so nahe liegt, im Nahen Osten, der uns so vertraut ist. Im Fernen Osten, dessen tektonische Beben auch bei uns schon spürbar sind. Und die in ihrer Gefährlichkeit keinesfalls unterschätzt werden dürfen. Europas Rolle als Mittler wäre hier dringend gefordert.

Zu diesen Weltbrandherden kommen noch die heimischen politischen Konflikte. Wie gehen wir mit EU-Mitgliedsländern um, wenn sie gewisse Grundsätze der EU missachten? Warum sind wir nicht mehr fähig, zusammenzustehen und gemeinsame Lösungen zu finden, z. B. in Fragen der Migration, des Flüchtlingswesens, der Sicherheit? Warum wird Europa oft nur als Abholstation für die Erfüllung nationaler Begehrlichkeiten und so oft nicht als solidarische Gemeinschaft zur Lösung drängender Probleme gesehen? Steht nicht allzu oft die Gefahr einer Polarisierung unserer Gesellschaft im Vordergrund? Anstelle des Miteinander-Redens, des Austauschs von Argumenten, des Zuhörens und des Findens von Lösungen sind wir insbesondere auf den (un)sozialen Medien mit einem Toleranzverlust konfrontiert, der oft in Aggression und Shitstorms ausartet. Die Polarisierungen zwischen links mit übertriebenen Gender- und Queer-Positionierungen und rechts mit einer oft undifferenzierten Bekämpfung derselben erzeugen emotionelle und politische Spannungen, verbunden mit Vertrauensverlust in der Gesellschaft gegenüber Institutionen, gegenüber politischen Parteien und schließlich schwindender Zustimmung zu den Fundamenten sozialer Marktwirtschaft und Demokratie. Wo bleiben Augenmaß, wo bleibt Solidarität, wo bleibt Empathie? Wir brauchen Kooperation statt Konfrontation auch und gerade bei uns in Europa.

Dies umfasst so viele Bereiche: In der Wirtschaft z. B. die Kontroverse um Freihandelsabkommen. Im ökologischen Bereich Gebote und Verbote statt Technologieoffenheit und Innovationsförderung. Im sozialen Bereich fehlende Lösungen in den Asyl- und Migrationsfragen. Im kulturellen Bereich der verbesserungswürdige Umgang mit anderen Kulturen und Religionen, beispielsweise dem Islam.

Viele Fragen, wenig Antworten. Und jedenfalls zu wenig gemeinsames Besinnen auf übergeordnete Interessen, dafür viel mehr Lobbyieren in Partikularforderungen.

Es stellt sich die Frage nach der Leadership. Wer ist imstande, wie die Gründerväter einst klare Wege zu weisen?

Ein neues Parlament und eine neue Kommission werden im Jahr 2024 bestellt und gewaltige Aufgaben vor sich liegen haben. Werden sie diesen gewachsen sein? Welche inspirierenden Persönlichkeiten sind nicht nur kompetent in Sachgebieten, sondern auch motivierend für das Projekt und die Idee Europa? Wie bringen wir die Menschen in das Boot Europa, nicht nur mit ihrem Verstand, sondern auch mit ihrem Herzen? Und welche institutionellen Neuerungen werden gemacht, um das Gefährt Europa besser entscheidungs- und handlungsfähig und damit zukunftsfähig zu machen?

Die Antworten müssen sich die Bürger Europas selbst geben und sich der Verpflichtung zur Teilhabe und zum Mitgestalten bewusst werden. Mit Schwung und Begeisterung, mit Dynamik und Leidenschaft gilt es, sich kreativ und innovativ einzubringen. Denn Europa besteht nicht nur aus Geografie, sondern ist ein Gebäude aus Ideen und Träumen, die gegensätzlicher kaum sein könnten. Das macht das Gestalten und die Teilhabe schwierig und faszinierend zugleich. Arbeiten wir mit am faszinierenden Projekt Europa. Was wir jetzt aber vor allem brauchen, ist Frieden in Europa und ein Europa, das mitwirkt am Frieden in der Welt!

Give Peace a Chance!

2049:
EINE CHANCE FÜR DIE JUGEND

Mehrere 100-Jahr-Jubiläen stehen 2049 an: die Gründung des Europarats in London, die Gründung der NATO in Washington, die Gründung der Volksrepublik China in Peking. Wie werden die Festreden wohl lauten? Werden die USA ihr Ziel, weiter die alleinig dominierende Macht auf der Welt zu sein, erreicht haben? Werden die Chinesen ihr Ziel, zumindest auf Augenhöhe mit den USA zu sein, erreicht haben? Und Europa? Hat Europa überhaupt ein Ziel? Wird es eine Eigenständigkeit entwickeln können oder wird es ein unbedeutendes Anhängsel sein?

Der Schriftsteller und Essayist Robert Menasse sieht das in einem Interview mit dem Nachrichtenmagazin »profil« ganz klar: »Die Menschen sind EU-skeptisch, weil sie sehen, dass die EU nicht funktioniert. Da haben sie ja recht. Aber sie verstehen nicht, dass die EU wegen der nationalen Blockaden nicht funktioniert. Finanzkrise, aber keine europäische Finanzpolitik, Flüchtlinge, aber keine europäische Migrations- und Flüchtlingspolitik. Wirtschaftskrise, aber auf dem gemeinsamen Markt keine gemeinsame Wirtschaftspolitik. Und so weiter. Alles von nationalen Regierungen blockiert. Was soll die Kommission machen? Irgendwas, was sie darf: Also regelt sie die Drehverschlüsse von Plastikflaschen. Klar, die Menschen werden wütend, aber sie richten ihre Wut an die Falschen und ihre Hoffnungen an die Schuldigen, die nationalen Untergangster.« Untergangsterer! Was für ein treffendes Wort! Und was erwartet Menasse?

»Ich sehe zwei Möglichkeiten: Entweder es zerreißt die EU, denn auf der Basis eines Systemwiderspruchs, der keine Resultate bringt, kann es nur den Bruch geben. Der Zerfall der EU in Nationalstaaten würde große Misere zur Folge haben. Die Menschen werden vor rauchenden Trümmern stehen und betroffen sagen: Das darf nie wieder geschehen. Kommt Ihnen das bekannt vor? Dann wird, wie schon einmal, wieder alles von vorn beginnen, aber besser. Die andere Möglichkeit wäre, dass durch die Einsicht in die Gefahr des Untergangs das System doch noch rechtzeitig reformiert wird. Es wird entweder besser nach der Katastrophe oder durch Vermeidung der Katastrophe.«

Zerfällt die Welt? Zerfällt sie in Interessensphären wie zu Zeiten des Kalten Krieges, als sich die USA und die Sowjetunion gegenüberstanden? Werden das künftig die USA und China sein? Oder gibt es noch andere, die durchaus mitmischen könnten, wenn sie wollten, wie beispielsweise Europa, das ein vitales Interesse an einer multipolaren Welt haben müsste? In dieser Welt des systemischen und wertmäßigen Wettbewerbs könnte Europa doch ein attraktives Angebot darstellen. Ein Angebot einer neuen Sinnfindung im politischen, wirtschaftlichen, ökologischen und technologischen Bereich, ein Angebot gegen die Orientierungskrise mit einer Partnerschaftsphilosophie. Respekt, Toleranz und Verständnis sollten in einer globalen Vernetzung zur Selbstverständlichkeit werden. So könnte Europa der Welt ein Angebot eines neuen Miteinanders in der so klein gewordenen großen Welt machen: Partnerschaften statt Einflusssphären, Freiheit statt Abhängigkeit, Respekt statt Dominanz. Und das alles eingebunden in einem neuen globalen Sicherheitssystem, in dem Misstrauen durch Vertrauen ersetzt wird.

Junge Menschen, die heute um die 20 Jahre alt sind, werden 2049 45 Jahre alt sein. Sie stehen dann in der Mitte ihres beruflichen Lebens und in einer Welt, in der die Vorgeneration die Weichen gestellt haben, einer Welt jedoch, in der sie selbst leben und ihre Wünsche vom Leben erfüllen wollen. Diese 45-Jährigen werden uns fragen, was denn wir – die vorhergehenden Generationen – in Kenntnis der möglichen und wahrscheinlichen Entwicklungen geleistet haben, um ihnen ein Leben nach ihren Vorstellungen zu ermöglichen.

Wenn Europa zurückfällt, entfallen auch jugendliche Lebensperspektiven. Wenn wir Europa aufgeben, geben wir auch Hoffnungen der Jungen auf. Eben deswegen kann, soll und muss Europa Leuchtturm in einer Welt der Veränderung sein. Es könnte wesentlich dazu beitragen, latente oder akute Krisengefahren zu entschärfen, Vertrauen statt Misstrauen, Kooperation statt Konfrontation, Frieden statt Krieg zu fördern. Dann fällt die Welt nicht auseinander, sondern wächst in neuer Form zusammen, auf eine höhere Stufe unserer Kultur und Zivilisation.

Das zumindest zu versuchen wäre unsere Verantwortung gegenüber kommenden Generationen. Dann hätten die jungen Menschen von morgen motivierende, faszinierende und vibrierende Lebenschancen!

Give Youth a Chance!